novum premium

Wolfgang Reiterer & Sandra König

Die Antwort auf fast alle Fragen

Mein Engel der General

novum premium

Bibliografische Information
der Deutschen Nationalbibliothek:

Die Deutsche Nationalbibliothek
verzeichnet diese Publikation in
der Deutschen Nationalbibliografie.
Detaillierte bibliografische Daten
sind im Internet über
http://www.d-nb.de abrufbar.

ISBN 978-3-99130-017-5
Lektorat: Dr. Annette Debold
Umschlaggestaltung, Layout & Satz:
novum Verlag

Gedruckt in der Europäischen Union
auf umweltfreundlichem, chlor- und
säurefrei gebleichtem Papier.

www.novumverlag.com

- Wie du mit voller Hingabe deine Ziele erreichen kannst
- Eine Lebens-Theorie zur Erschaffung deiner Wirklichkeit
- Wie wir durch Akzeptanz und Dankbarkeit Bilder bewegen und Realitäten steuern
- 5 Schritte voller Magie, um deine Lebensträume zu verwirklichen

- Die Kraft der Engel und deren Zusammenhang der unzertrennlichen Verbindung
- Dieses Buch beinhaltet die meisterhafte Vereinigung der Quantenphysik über Spiritualität und Coaching-Systeme
- Neueste wissenschaftliche Erkenntnisse über Welten, Paralleluniversen und neue Zeitlinien

INHALTSVERZEICHNIS

DAS VORWORT

von Wolfgang Reiterer

Die Antwort auf so viele Fragen – ja die Antwort auf ALLES!

Du möchtest ...
... mehr Liebe?
... Erfolg?
... Geld?

Du möchtest gesund und glücklich sein?

Du möchtest endlich verstehen, was es mit der Theorie von Paralleluniversen auf sich hat?

Du möchtest die Zeitlinien verstehen und wie du diese positiv für dich nutzen kannst?

Du bist Sportler und möchtest endlich Deine hochgesteckten Ziele erreichen?

Dieses Buch wird dir einen möglichen Weg aufzeigen, um deine Träume zu verwirklichen.

Dieses Buch wird deine Welt auf den Kopf stellen und dir neue Möglichkeiten aufzeigen, die du niemals gewagt hast, zu träumen.

Wir könnten mit diesen Zeilen einen Durchbruch auf vielen Ebenen auslösen und so viele Erkenntnisse und Diskussionen lostreten – schnall dich an und lass dich in

neue Dimensionen heben, neue Universen betreten und neue Sichtweisen entdecken.

Ich möchte meine Erfahrungen mit dir teilen, denn für mich waren diese Erkenntnisse mehr als lebensverändernd. Ja, lebenswunscherfüllend, und es hat mich zutiefst im Herzen berührt, all die Weisheit, welche mir, als ich 15 Jahre alt war, zum ersten Mal übermittelt wurde. Es war so, als hätte mich das Universum angerufen und mir diese Weisheiten per Telefon einfach so erzählt. Heute, fast 25 Jahre später, möchte ich auch dir einen Zugang zu diesen Weisheiten ermöglichen. Und wenn du jetzt dieses Buch in deinen Händen hältst und beim Lesen dieser Zeilen denkst: Ach, schon wieder so ein Oberguru, der denkt, er hätte die Welt-Fragen enträtselt ..., es ist nur eine Möglichkeit, wie unsere Erde funktioniert. Bitte nimm mich nicht zu ernst. Sieh es als Chance, deine festgefahrenen Glaubensmuster zu verändern. Eingebrannte und einprogrammierte Überzeugungen auf den Kopf zu stellen, zu hinterfragen. Ich kann es auch nicht hundertprozentig garantieren, dass es wirklich so ist, wie ich es beschreibe. Aber wie gesagt, für mich waren und sind diese fünf Schritte zu einer Lebenseinstellung geworden, und ich wende sie täglich an. Und ich sage dir, mein Leben ist ein einziges Wunder. Ich bin der glücklichste Mensch auf dieser Welt, und warum soll ich nicht funktionierende einfache Methoden weitergeben?

Zuerst möchten wir uns um die wirklich wichtigen Dinge kümmern. Und Wesentliches Erläutern und Erklären.

Viele offene Fragen unserer Welt werden mit dieser von mir zu Papier gebrachten Theorie, welche ich, wie gesagt, seit Jahrzehnten in meinem Kopf herumtrage, beantwortet.

Du bist auf der Suche nach dem Sinn des Lebens und hast deine Aufgabe hier noch nicht wirklich gefunden? Du möchtest wissen, was es mit der Evolution auf sich hat? Du möchtest endlich deine Ängste überwinden und hast diese oder ähnliche Fragen in deinem Kopf?

Ich möchte dir hier auf diesen Seiten eine mögliche Version unserer Welt näherbringen. Ich gebe dir mit diesem Buch eine Art Betriebsanleitung in die Hand, wie du, wenn du alle Schritte wie beschrieben befolgst, deine Welt verändern kannst.

Wie du Wünsche und Sehnsüchte endlich in Erfüllung bringen kannst.

Meine Bilder-Theorie ist so vielseitig und komplex, dass jedes Kapitel in diesem Buch nacheinander aufbauend zusammenhängt und auch so gelesen werden sollte.

Welche Rolle spielt hier die Quantenphysik? Was sind Wurmlöcher, schwarze Löcher, was könnte die Einstein-Rosenbrücken-Theorie sein? Wer war Jesus? Hier wird alles erklärt. In diesem Buch findest du Antworten auf so viele Fragen. Ja, ich erkläre dir alles. Lass dich überraschen. Mit diesen Zeilen möchte ich die Kinder der neuen Welt erreichen, diejenigen Freigeister und Freidenker, die offen sind für neue Ideen und Möglichkeiten, betreffend die Lebens- und-Sterbens-Dynamiken, hier in unserer Welt.

Dieses Buch ist für alle geeignet.

Ich möchte mit diesem Buch alle erreichen, vor allem Menschen, die sich noch nie mit Spiritualität beschäftigt haben.

Die noch in ihren Problemen, Ängsten und Zweifeln gefangen sind. Menschen, die sich ständig Sorgen machen und ihre Probleme auf das Außen projizieren. Die Schuld dem Wetter geben, dem Mond und ihren Mitmenschen. Menschen, welche sich verloren fühlen, sich mit Selbstzweifel plagen oder eben keinen Selbstwert haben. Ich möchte ein wenig aufrütteln und Menschen aus dem Tiefschlaf erwecken. Ein Weckruf! Und eine schöne Theorie, wie wir uns den Aufbau unserer Welt vorstellen könnten. Bitte, es ist nur eine Theorie, eine Idee darüber, wie das Universum funktionieren könnte. Es ist eine Art Bedienungsanleitung für ein erfolgreiches und glückliches Leben. Damit die Suche endlich ein Ende hat und wir mit dem Leben, hier und jetzt, beginnen können.

ACHTUNG: Wir übernehmen keine Haftung! Dein Leben könnte sich beim Lesen dieser Zeilen sehr stark verändern. Ja, es könnten Glücksgefühle und Euphorie eine der Nebenwirkungen sein.

Pflichthinweis für rezeptfreies Arzneimittel und Medizinprodukt:

Gemäß § 52/2 Arzneimittelgesetz und einer Absprache zwischen dem Bundesministerium für Arbeit, Soziales und Konsumentenschutz und der Interessengemeinschaft österreichischer Heilmittelhersteller müssen auch Bücher für rezeptfreie Arzneimittel durch den Hinweis:

„Über Wirkung und mögliche unerwünschte Wirkungen informieren Gebrauchsinformationen, Arzt oder Apotheker“ gekennzeichnet sein.

Alles ist EINS – die Bilder-Theorie!

„Alles ist eins." Doch was bedeutet das eigentlich wirklich? Viele große Meister und spirituelle Führer behaupten doch, dass alles eins wäre.

Alles ist miteinander verbunden, wir sind alle gleich.

Hey, was bedeutet das, wir sind alle miteinander verbunden? Diese dahingestellte These konnte mir bis heute niemand so wirklich erklären. Ich höre diese Sätze schon mein ganzes Leben.

Ich versucheauf den nächsten Seiten, es Ihnen, lieber Leser, so verständlich wie möglich, so einfach wie möglich darzustellen:

Dafür müssen wir aber ein- und abtauchen in die sogenannte vierte Dimension – und reisen in meine Bilder-Theorie.

Die Reise beginnt.
Meine Bilder-Theorie!
Und was diese mit der Quantenphysik zu tun hat.

Hierbei handelt es sich um eine Idee, eine Methode, sämtliche Vorfälle des Lebens und ungelöste Fragen zu erklären. Der Weg führt uns über die Quantenphysik. Weil die Menschheit versucht, spezielle und bestimmte Lebens-Fragen zu beantworten, wie zum Beispiel: „Wie funktioniert das Doppelspalt-Phänomen? Wie verhalten sich die Teilchen bis hin zu Paralleluniversen? In der Quantenphysik finden sich hierfür eventuell die Antworten, und daher beziehe ich auch meine Theorie aus Ansätzen der Quantenphysik.

Fakt ist: Dass Anziehungskraft und Schwerkraft die Zeit beeinflussen können, anhand Einsteins allgemeiner Relativitätstheorie wird das bewiesen. Bitte lesen Sie das selbst nach, ich möchte hier nicht zu wissenschaftlich werden.

Erkenntnis der Bilder-Theorie kommt aus der vierten Dimension

Ich gehe davon aus, dass unsere Matrix aus einer Art Bildergalerie besteht. Aus der vierten Dimension jedoch kann ich diese endlose Bilderfläche sehen. Endlos in die Zukunft, endlos in die Vergangenheit, endlos nach links und rechts, eine Fläche mit Tausenden Bildern, voller Gedanken und voller Möglichkeiten. Denn jedes Bild entsteht aus Gedanken, und Gedanken manifestieren sich in Bildern, welche nun zur Erfahrung zur Verfügung stehen. Das bedeutet, wir erzeugen unsere Realität mit unseren Gedanken.

In der vierten Dimension bewegen sich unsere Engel, Wesenheiten und spirituellen Begleiter. Hier können wir unsere Wünsche deponieren, und diese werden von unseren Engeln, wenn wir sie bitten und dankbar sind, erfüllt und geliefert, hierfür gibt es in diesem Buch ein eigenes Kapitel! Dazu kommen wir später.

In der vierten Dimension sind auch die sogenannten Bilder sichtbar. Hier sehe ich die Dinge aus einer anderen Perspektive. Es gibt keine Zeit und keinen Raum in dieser Dimension. Zeit und Raum gibt es nur in unserer Matrix, hier in unserem Leben, in der dritten Dimension.

Wissenschaftliche Erkenntnisse können es schon erklären, dass Zeit und Raum durch aktives Eingreifen beeinflussbar sind und vor allem dehnbar.

Was bedeutet es, wenn es keinen Raum und keine Zeit gibt?

Es ist ein Wegweiser, eine Idee, lass dich auf diese Reise ein. Mach es dir bequem und tauch mit mir ein, in die vierte Dimension.

Wir stellen uns also vor, die vierte Dimension ist eine unendlich flache Ebene. Unendlich flach. Mit lauter Bildern. Diese Bilder sind aufgestellt wie Karten oder Blätter. Ein Karten-Bilder-System sozusagen. Das ganze unendliche Universum mit den verschiedensten Möglichkeiten in allen Varianten und Ausgängen, Situationen und Erfahrungen, ist hier abgebildet! Karte für Karte, Blatt für Blatt, Bild für Bild ein neuer Moment.

Diese Bilder sind Standbilder im Nanometer-Abstand, eines nach dem anderen. Bild für Bild. Es gibt also auch einen Raum zwischen den Bildern.

Jedes Bild, jede Situation meines Lebens, Ihres Lebens ist ein Bild, aber ein Standbild. Diese Bilder stehen still. Wie Fotos. Ein Foto ist auch still. Es gibt von allem ein Foto, von jedem je erdachten Gedanken seit Anbeginn der Zeit. Von jeder Situation, von jedem Raum, in dem wir uns bewegen.

Das Bilder-Theorie-Beispiel

Ich bin jetzt in meiner Küche. Ich schaue in den Raum und sehe ein Bild meiner Küche, ich schaue aus dem Fenster, ich sehe den Garten, ich sehe das komplexe Bild. Ich sehe also meine Wohnung in der dritten Dimension.

Angenommen, ich würde erwachen und aus dem Bild auftauchen in der vierten Dimension. Ich tauche also hinauf in die Bildergalerie, hier ist alles in Form von Standbildern bereits vorhanden. Hier existiert jede Form, jede Art und Weise, jede Situation, jede Möglichkeit meines Lebens festgeschrieben in Form von unbewegten Bildern. In Form von Standbildern. Ich bin selbst mit Haut und Haaren in jedem einzelnen Bild vorhanden. In einem Bild habe ich blonde Haare, in einem anderen habe ich schwarze Haare, in einem habe ich einen Pyjama an, im anderen einen Anzug. Ich bin in Tausenden Varianten hier vorhanden.

Ich tauche also auf und sehe neben meinem aktuellen Bild ein fast zu 100 Prozent ähnliches Bild. Je weiter ich über die Bilder hinwegsehe, geradeaus, links und rechts, werden die Bilder zu verschiedenen Situationen verändert. Ich sehe, wenn ich das eine oder das andere verändere, also eine neue Entscheidung treffe in meinem Bild und es dadurch verändere, auch wenn es nur ein Glas Wasser ist, welches ich in die Küche stelle, ich also bloß eine kleine Veränderung mache, dass ich durch diesen kleinen Unterschied eine komplett neue lineare Zeitlinie gewählt habe und somit eine Chance für neue Möglichkeiten und Ausgänge für meine Situation. Daher sind kleine Schritte notwendig, wenn wir etwas verändern wollen. Von Bild zu Bild kann ich mich also durchbewegen und durch neue Entscheidungen positive Wünsche manifestieren.

Ich tauche wieder zurück in meine dritte Dimension. Ich stelle meine Kaffeetasse in den Geschirrspüler. Ich tauche wieder hinauf in die vierte Dimension, ich erwache und suche nach diesem Bild, ohne Tasse. Es ist rechts von mir. Aha. Ich bin also in die sogenannte Zeitlinie weiter rechts eingetaucht. Jedes Bild ähnelt dem anderen, mit einer kleinen Veränderung. Schon kleinste Veränderungen im Raum bewirken einen Bilder-Wechsel. Ich tauche ein von Bild zu Bild. Durch meine Handlung, mein bewusstes Verändern tauche ich durch diese Bilder durch.

Ich sehe von oben, dahinten ist das Bild, wo die Tasse noch auf dem Tisch gestanden ist, ich bin diese Bilderreihe weitergegangen, ah, es ist Zeit vergangen, die Bewegung durch die Bilder ist also Zeit.

Ich tauche zurück. Ich treffe eine Entscheidung, ich alleine entscheide die Tasse wieder zurückzustellen auf den Tisch. Ich alleine treffe diese Entscheidung, tauche wieder hinauf in die Bilder-Theorie und sehe, ich habe selbstständig die Bilderauswahl getroffen und verändert.

Ich sehe, ich habe die Tasse hier stehen, ich alleine habe es entschieden, ich habe alleine kreiert? Nein! Stopp, dieses Bild existiert schon! Das Bild ist schon da. Ich habe es nur zum Leben erweckt.

Ich mit meiner Entscheidung habe das Bild ausgewählt und genommen. Hier in der vierten Dimension können wir uns erholen und entspannen, Yogi-Meister verstehen es, in dieser Dimension Kraft und Energie zu schöpfen.

Ich tauche also wieder auf in die vierte Dimension und sehe von oben meine Bilderreihe. Ich sehe, rechts fehlt die Kaffeetasse, ja, ich habe mich für die rechte Bilderreihe entschieden.

Mein Blick geht in die andere Richtung, was hat sich hier verändert? Ich durchsuche das Bild und sehe: hier fehlt der Apfel! Was wäre also gewesen, wenn ich mich stattdessen für den Apfel entschieden hätte, also einen Apfel gegessen hätte?

Bilder-Wechsel ist Zeit

Mit meiner Entscheidung, welche ich für mich selbst treffe, kann ich die Bilder durchlaufen. Mit jedem Atemzug, mit jeder Entscheidung verändere ich die Bilder. Und dieses von einem Bild ins nächste einzutauchen, das ist Zeit. Durch meine Entscheidung werden diese Standbilder belebt und bewegt.

Ich tauche wieder auf und blicke in die Zukunft: Wenn ich diesen Weg gehe: Hier fehlt die Obstschüssel, und da bin ich plötzlich im Garten. Gehe ich den anderen Weg, befinde ich mich im Auto. Was mache ich im Auto? Und dieser Weg? Ah, da bin ich gar nicht da, da bin ich in der Arbeit? Hm, dieser Weg gefällt mir nicht. Was möchte ich eigentlich? Möchte ich Geld? Möchte ich Liebe? Möchte ich Erfolg? Wie?

Ich kann in jedes Bild eintauchen? In jedes? Ich brauche es nicht mal selbst zu kreieren, weil es schon da ist? Alles ist da? Ich kann es selbst entscheiden? Hey Leute! Ja. Ihr könnt es selbst entscheiden und wählen. Es ist einzig nur der Weg von Bild zu Bild, Step by Step, in die Realität, welche ich hier in der dritten Dimension zu meiner Realität, durch meine Gedanken zu meinem Leben erwecke!

Die Bilder existieren bereits, wir müssen nichts kreieren, nichts schöpfen, wir brauchen nur wählen und entscheiden!

Was habe ich verändert in meinem Leben?
Ich habe eine Entscheidung getroffen.
Ich habe selbstständig für mich entschieden und gehe in der Bilderreihe selbstbestimmt weiter.

Wenn ich eine Linie zeichne, oben in der vierten Dimension, also mit einem roten Stift alle meine gewählten Wunsch-Bilder verbinde, dann habe ich sozusagen den berühmt-berüchtigten „roten Faden“ sichtbar gemacht.

Die Zeitlinie geht in alle Richtungen, nur nicht zurück!

Was bedeutet das?

Mit meinen Gefühlen und meinen Wünschen kann ich die für mich erfolgreichste Zeitlinie wählen.

Ich muss also manchmal Entscheidungen treffen, die nicht sehr einfach sind, die eventuell große Veränderungen hervorrufen. Zeitlos. Schnell. Malen wir mal schnell die Wand aus. Hopp, hopp. Wandausmalen. Dadurch kreieren wir eine neue Zeitlinie in unserem eigenen Selbst. Wir sind im selben Haus, auf der selben Ebene, aber: Wir haben die Richtung verändert. Wir sind entweder nach rechts oder nach links gegangen und haben somit unsere Zukunft verändert. Wir sind nicht im weißen Haus geblieben. Wir haben es gelb gestrichen. Und gelb, hey Leute, wenn ich in der vierten Dimension bin und nach links blicke, und dort drüben ist mein Bild mit dem gelben Haus, ja, dann ist das eine Veränderung. Aber nicht unmöglich. Nicht weit weg.

Es ist machbar. Erreichbar. Wir tauchen wieder ein, wir wissen, jede Entscheidung kann unser Leben verändern, und wird auch unser Leben verändern.

Weil wir als Seele durch die Bilder gehen. Die Bilder sind das manifestierte Hier und Jetzt. Die Bilder sind Information. Eine Quelle voll mit Informationen. Und das Bild weiß, jedes Teilchen davon, wer oder was es ist. Es schwingt die ganze Zeit. Und erst, wenn ich hindurch gehe, das Bild beobachte und ansehe und fühle, dann erst wird es greifbar und manifestiert sich für mich.

Die Bilder, welche wir durchkreuzen mit unseren Entscheidungen, sind eben diese unerklärten Phänomene aus der Quantenphysik. Wir wissen nicht, warum der Tisch manifestiert ist, zur Materie wird, wenn ich hinschaue. So wie es das Doppelspalt-Experiment erklärt.

Das Doppelspalt-Experiment erklärt uns klipp und klar, dass unser bisheriges Weltbild wackelt. Irgendetwas stimmt mit unseren Dingen, irgendwas passt nicht, es ist nicht greifbar, es ist veränderbar. Es ist deswegen, weil wir mit unserer Seele durch die Bilder hindurchgehen. Wir durchschreiten sie nur.

Wir fliegen hindurch.

Und wir treffen unsere Entscheidungen und verändern sie deswegen.

Aber wir müssen sie nicht kreieren, sie existieren bereits.

ALLES IST EINS: DIE ERKLÄRUNG

Was bedeutet „Alles ist eins"? Es bedeutet, wir sind alle miteinander verbunden, weil die dritte Dimension ist, wie sie ist.

Sie ist bereits vorhanden. Sie ist da. Sie existiert bereits in Bildern. Jeder Gedanke existiert in einem stillen Bild in der dritten Dimension. Alles und jeder existiert als Bild, jeder Gedanke ist auf einem Bild festgeschrieben, in der dritten Dimension.

ICH BIN. ICH BIN DAS BILD

Und über die Quantenphysik klopfen wir an der Tür an und erkennen: Irgendwas passt hier nicht.Warum verändern sich die Wellen in Teilchen, in dem Moment, wo wir es beobachten?

Weil ich durch die Bilder gehe. Und jedes Mal wenn ich neu durch ein Bild gehe, muss es sich neu für mich manifestieren.

Weil ich das Bild bin.

Ich gehe durch das Bild. Das Bild aktiviert sich durch mich. Es wird durch mich bewegt.

KAPITEL 1

Mein Engel - der General, oder die Kraft des Gebetes

Meine sogenannte „Bilder-Theorie“ beruht auf mehreren Ebenen. Wenn wir fähig sind, all diese zu vereinen, anzuwenden – ja wenn wir täglich damit arbeiten, dann sind wir in der Lage, unser Leben selbstbestimmt zu gestalten.

O. k., was hat das nun alles mit Schutzengel zu tun? Was ist deren Funktion?

Stellen wir uns vor, dass alles miteinander verbunden ist. Wie viele spirituelle Führer sagen: „Alles ist eins“? Aber nicht nur hier ist alles verbunden, sondern auch die Dimensionen sind miteinander verbunden. Die Dimension hier, in der dritten, wo wir uns befinden, ist direkt verbunden mit der vierten Dimension. Das bedeutet, dass unsere Dimension gedanklich, gefühlstechnisch unüberwindbar gleichzeitig wächst mit der vierten Dimension. Das bedeutet, dass wir uns nur weiterentwickeln können, wenn wir unseren eigenen Engel stärken mit Dankbarkeit, denn nur so kann sich beides weiterentwickeln. Die Dankbarkeit ist die Nahrung für unsere Engel, um auch dort weiterzukommen.

In verschiedensten Religionen kommen Engel vor. Googelt man Engel, dann findet man folgenden Hinweis: Engel sind in den Lehren der monotheistischen abrahamitischen Religionen des Judentums, Christentums und Islams Geistweisen in (geflügelter) Menschengestalt, die von Gott erschaffen wurden, diesem untergeordnet sind und als dessen Boten zu den Menschen tätig sind.

Der evangelische Glaube geht ja davon aus, dass es keine Engel gibt. Anders im katholischen. Hier werden die Engel sehr wohl gesehen und erkannt.

In meiner Theorie sind es die Schutzengel, welche wir anbeten und bitten sollen uns zu helfen.

Warum?

Weil ich der Meinung bin, dass wir uns jetzt gerade in der Zeit befinden, in der ein großer Wandel stattfindet. Nicht nur spürbar in unserer Dimension, sondern auch spürbar in der Engel-Dimension.

Denn unter anderem hatte bis jetzt ein Engel neben einigen bekannten anderen die Kraft, vielen lebenden Seelen die Wünsche zu erfüllen. Denn viele Seelen haben unter anderen nur einen Engel die letzten 2000 Jahre angebetet. Nämlich Jesus.

Und Jesus ist jetzt bereit, weiterzuziehen, in die nächste Dimension. In die fünfte Dimension. Er verlässt die Matrix der Engel. Jetzt hat der Mensch die Chance und Aufgabe, seinen eigenen Engel, ja seinen eigenen Schutzengel, diese Funktion, die Jesus erfüllt hat, zu übernehmen.

Und Jesus ist jetzt bereit für den nächsten Aufstieg. Deswegen werden unsere Gebete zu Jesus nicht mehr so klar und deutlich wie bisher erhört. Immer mehr Menschen erfahren von Jesus nicht mehr dieselbe Liebe wie vor Tausenden Jahren, denn er verlässt die vierte Dimension. Unsere Aufgabe ist es jetzt, dass wir uns um unsere eigenen Engel kümmern, damit diese so stark werden wie einst Jesus. Damit auch diese aufsteigen können in die fünfte Dimension. Damit auch wir selbst, Menschen, zum Engel werden können.

Jesus war einst ein Mensch, und er hat es geschafft, dass sein Engel aufsteigen konnte. Wer war sein Engel? Sein Engel war Gott, der Vater, er hatte ihn Vater genannt. Ich nenne meinen Engel General. Oh Vater, der du bist im Himmel. Und er konnte auferstehen, weil sein Vater, sein Engel, sehr mächtig wurde und so in die fünfte Dimension aufgestiegen ist. Somit konnte Jesus zum Engel werden.

Jetzt ist Jesus erlöst, er geht sozusagen weiter. (Wie sein Engel, der Vater) Und erlöse uns von dem Bösen, damit war die Matrix hier auf unserer Erde, der dritten Dimension gemeint.

Und die vollkommene Erlösung aus dem Karma-Rad der Matrix, die Wiedergeburt, hat Jesus hinter sich gebracht; indem er ohne Zweifel, ohne Ängste, indem er schon unbewusst diese fünf Schritte angewandt hat, daran geglaubt hat, tatsächlich Sohn Gottes zu sein, konnte er diese Wunder vollbringen. Genauso könnten wir es vollbringen, wenn wir ohne Zweifel an das glauben, woran Jesus geglaubt hatte. Nun mit der Erklärung, dass wir an unsere eigenen Engel glauben sollen, können wir alles erreichen und zum Engel aufsteigen. Das ist unsere Aufgabe, das ist der Sinn, das ist der Weg. Und wenn wir ein Engel sind, müssen wir unsere Menschen, unsere Seelen davon überzeugen, uns anzubeten, damit wir weiterkommen können. Und wie können wir unsere Engel und unsere Seelen überzeugen uns anzubeten? Indem ich ihnen als Engel erscheine.

Wie hat es Jesus gemacht? Am dritten Tage auferstanden, steht er als Engel vor seinen 12 Aposteln und sagt: „Schreibt meine Geschichte nieder und betet mich an. Ich werde eure Wüsche erfüllen. Denn gemeinsam sind wir stark.“ Also los, bedanken wir uns bei unseren Engel. Denn nur so kommen wir als Menschen auch in unsere eigene Kraft, in unsere eigene Schöpferkraft, indem wir unseren Engel stärken, anerkennen und wertschätzen und somit die Verbindungen der Welten mit Liebe und Hingabe und Dankbarkeit erfüllen. Gehen wir die fünf Schritte des Erfolgs durch und stärken ab sofort unseren eigenen Engel, damit wir erfolgreich, glücklich und voller Liebe in die nächste Dimension aufsteigen können.

Hier in meinem Buch geht es darum, dass wir lernen dürfen unseren Schutzengel, den wir haben, zu akzeptieren, dass wir ihn ins Herz schließen und uns auch bedanken, dass es ihn gibt.

Sidestep: Griechen und Römer

Die Griechen und Römer haben Zeit ihres Lebens ihre Götter verehrt und angebetet. Und haben sich tatsächlich auch bei ihrem Gott aus tiefstem Herzen bedankt. Die haben an die Götter geglaubt, genauso wie die Katholiken, die sich bei Jesus bedanken. Es gibt also Engel, wir nennen sie jetzt mal Engel, es können auch Wesenheiten oder Lichtwesen sein. Mir gefällt der Ausdruck Engel sehr gut, weil in unseren Breitengraden Engel sehr weit verbreitet ist.

Wenn ich mich also bei dem Engel bedanke, an den ich selbst glaube, ja hier geht es vor allem um den Glauben. Je größer mein Glaube, desto stärker wird das Gefühl in meinem Herzen. Hier ist ein Schlüssel versteckt.

Ein Schlüssel – den ich hier noch ganz genau erklären möchte. Denn nur bedanken und schon ist es da, so einfach ist es nicht.

Wir werden das ganz genau zerlegen und erläutern.

Danke, mein Engel!

„Lebens-Aufgabe" des Engels: dich glücklich zu machen, dir zu dienen. Deine Wünsche zu erfüllen.

Bedanke dich bei deinem Engel. Das ist einer der vier Schlüssel, für deinen Erfolg. Wir haben hier in der dritten Dimension eine Aufgabe. Und für diese Aufgabe sind uns Engel zugeschrieben worden. Umso öfter wir diesen Engel akzeptieren, anerkennen und uns bei ihm bedanken, dass er uns hilft, desto stärker wird er in der vierten Dimension. Das ist nämlich die Aufgabe des Engels. Er hat die Aufgabe, uns zu unterstützen. Er darf aber nur hilfreich sein, wenn wir ihn darum bitten. Und: wenn wir uns für getane Arbeit aus Ehrfurcht bedanken. Aus dem tiefsten Herzen, aus unserem tiefsten Sein.

Wir sind hier in der dritten Dimension „nur" Menschen, mit den Aufgaben eines Kriegers, Jägers oder Sammlers. Die vierte Dimension ist die der Engel, und die haben die Aufgabe, uns zu beschützen.

Der Engel möchte, dass du an ihn glaubst. Er darf aber nur eingreifen in Gefahrensituationen. Oder, wenn du ihn darum bittest. Leider sind wir Menschen so gepolt, dass wir erst beginnen, uns bei unserem Schutzengel zu bedanken, wenn uns etwas passiert ist, wo wir haarscharf die Kurve gekratzt haben. Oh, ich habe den Unfall gehabt, und mir ist nichts passiert! Bamm. Oh, da habe ich Glück gehabt, tausend Schutzengel wahrscheinlich. DANKE.

Jeder kennt eine solche Situation.

Und erst jetzt ist der Engel von uns gesehen und gehört worden. Erst jetzt kann er beginnen seinem Auftrag in der vierten Dimension nachzugehen. Erst, wenn wir Menschen die Engel sehen, akzeptieren und uns bedanken, dass es sie gibt. Das ist dann eine Win-win-Situation, und endlich können wir alle unseren Aufgaben folgen und diese erfolgreich umsetzen.

Sehen wir es so: Hier in unserer Matrix sollen wir erkennen und akzeptieren, wer wir sind, also entweder Jäger, Sammler, Hüter, Schamane oder Krieger. Wenn wir das nicht wissen und irgendwo im Chaos einem äußeren Glück hinterherrennen, dann werden wir traurig, depressiv. So geht es auch den Engeln in der vierten Dimension. Sie haben es sich zur Aufgabe gemacht, uns zu beschützen. Uns zu helfen. Doch wenn wir sie nicht akzeptieren und anerkennen, ihnen danken, dann dürfen sie nicht eingreifen. Also schicken sie uns Situationen, in denen es für unser Leben gefährlich wird. Bamm. Wir haben fast einen Autounfall und kommen mit einer Schürfwunde davon. Pfau. Ich glaube, ich habe einen Schutzengel gehabt. Danke. Hier ist das erste „Danke“, der erste Punkt für den Engel. Er muss auch Punkte sammeln und darf dann in seiner Dimension aufsteigen. So weit aufsteigen, bis zum General. Je öfter wir unserem Engel Dankbarkeit erweisen, desto mehr Punkte bekommt er und umso größer und schöner werden die Geschenke, welche der Engel hier für uns auf der Erde bereitgestellt hat.

Verstanden?

Habe ich euch das irgendwie plausibel erklären können? Versteht ihr die Zusammenhänge?

Wir müssen die Dimensionen miteinander verbinden. Die Verbindung mehrerer Dimensionen ist ein Schlüssel zum Erfolg. Denn wenn wir über viele Dimensionen hinweg zusammenarbeiten, im Fluss sind, denn wir sind ja alle eins und miteinander verbunden, dann ist dieses Leben im Flow-Zustand erst möglich.

Jesus, Buddha, alle haben das verstanden.

Nur der Mensch hat es vergessen.

Er hat vergessen, wer er ist. Er hat vergessen seinem Engel zu danken. Er hat diese Abläufe hier vergessen. Er hat vergessen mit dem Engel zu kommunizieren. Wie kommunizieren? Empfangen, senden – danken, empfangen, senden, danken, empfangen senden und so weiter. Und irgendwann einmal, wenn ihr das oft geübt und gemacht habt, dann ist euer Engel zum General aufgestiegen. Das bedeutet, ihr habe euch so oft bei ihm bedankt, dass er so glücklich wurde in seinem Leben, weil er alles machen kann in seinem Leben, genauso wie auch wir alle hier in der dritten Dimension, wir können auch alles machen, wenn wir glücklich sind – ein Vergleich für das bessere Verständnis ... der Dimensionen und wie diese zusammenwirken.

So geht die Wunscherfüllung Im Feuer der Transformation

Wenn du einen Wunsch hast, dann bitte deinen Engel darum. Sende deinen Wunsch ab. Doch zuvor, damit das auch gelingen kann, ist deine ganze Konzentration und Vorstellungskraft gefragt. Du solltest dir ganz vergegenwärtigen, wie es sich anfühlt, wenn dein Wunsch erfüllt wurde. Gehe mit all deinen Sinnen in das Wunscherfüllungs-Bild. Tauche ein in dieses Bild.

Was fühlst du? Was hörst du? Was schmeckst du? Was siehst du? Was kannst du riechen? Alle fünf Sinne sollten hier berührt werden, umso genauer wir unsere Sinne aktivieren, visuell, kinästhetisch und auditiv, olfaktorisch und gustatorisch desto näher sind wir an unserem Wunscherfüllungs-Bild dran.

Möchte ich als Sportler eine Medaille gewinnen, dann stell dir vor, wie fühlt sich diese Gold-Medaille an, was höre ich? Zum Beispiel die tobend-jubelnde Menschenmenge. Was fühle ich? Gänsehaut und wundervolle Gefühlswogen des Sieges und der Freude … Lass dir dabei Zeit.

Zuerst muss ich es wissen, fühlen und: dankbar sein, dass mein Wunsch erfüllt wurde. Dankbarkeit ist hier auch ein wichtiger Schlüssel. Dann sende diesen Wunsch ab.

Dieser besondere Moment der Glückseligkeit, dieser ist das Feuer, die Transformation in die Wunscherfüllung.

Die Schwingung, die all Deine Wünsche anzieht, findet zwar im Geist Ihren Ursprung – doch manifestieren tut sich das Gewünschte über Deinen Körper.

Albert Einstein sagte dazu:

„Alles ist Energie. Wenn du dich einschwingst in die Frequenz der Wirklichkeit, die du anstrebst, dann kannst du nicht verhindern, dass sich diese manifestiert. Es kann nicht anders sein. Das ist keine Philosophie, das ist Physik.

Das bedeutet, Albert Einstein war durchaus bewusst, dass der Erschaffens-Prozess über den Körper (physikalisch) aufgebaut wird, nicht über den Geist (Philosophie).

Ein wichtiger Punkt, der heute fast vergessen ist.

Denke selbst nach:

Wenn das Gewünschte Realität werden soll, dann muss es zum Anfassen, Greifen, Hören, Riechen, Schmecken, Tasten sein – oder? Wenn Du es nicht über den Körper wahrnehmen kannst – bleibt es ein ewiger geistiger Wunsch.

Achtsam solltest du sein, wenn Dir das Neu-Gewünschte mehr Glück bringen soll – denn, um Glücksschwingung gezielt im Körper aufbauen zu können, braucht Dein Körper genügend Melatonin.

Das Wunscherfüllungs-Amt in einer anderen Dimension

Jetzt lieber Leser, möchte ich dir ein mögliches Szenario in anderen Dimensionen näherbringen. Eine mögliche Welt, wie es sich abspielen könnte am Wunscherfüllungsamt des Universums. Bitte mit einem Augenzwinkern lesen:

Der Engel empfängt deinen Wunsch und geht damit aufs sogenannte Wunscherfüllungs-Amt. Dort sieht er eine Warteschlange, mit 500 anderen Engeln, und wird beim Empfang Folgendes gefragt:

„Wie viele Sterne hast du schon?"

„Gar keinen."

„Wie oft hat sich dein Erdling schon bei dir bedankt?"

„Einmal."

„Das ist zu wenig, da musst du dich hinten anstellen!"

„Puh, na gut, ist o. k."

Dann dauert die Wunscherfüllung eben länger.

Was ist das für ein Wunsch? Ein Lottosechser? Ganz hinten letzte Reihe!

Was ist das für ein Wunsch?

Ein Fahrrad für seinen Sohn.

Hast du für ihn schon einen Weg gefunden, dass er zu diesen Geld kommen kann?

Ja, wenn er sich noch einmal bei mir bedankt, dann kann ich ihn mit diesem Menschen zusammenbringen, der ihm diese Arbeit gibt, und dann hat er dafür das Geld.

Na gut, bring ihn zusammen, schau, dass er sich noch einmal bei dir bedankt ...

Der Engel schickt seinem Erdling eine Situation, bei der Autofahrt schneidet ihn ein anderes Auto sehr knapp – der Erdling hat den Gedanken: „Puh, das war knapp, danke lieber Gott oder Engel, dass du mir geholfen hast bei dieser Reaktion."

Auftrag erledigt. Das Danke ist angekommen.

Jetzt kann der Engel dich in diese Situation bringen, zu deinem Kurz-Job, der dir das Geld für das Fahrrad deines Sohnes bringt.

Es läutet an der Tür, der Nachbar steht bis zu den Knien unter Wasser, er braucht deine Hilfe. Du hilfst, und aus Dankbarkeit gibt er dir dafür sogar 150 Euro.

Bamm.

Das Geld ist da.

Auftrag erledigt.

So ungefähr zeichnet sich es ab, mit den Menschen, den Engeln und den Wünschen, welche in die Erfüllung gebracht werden möchten.

Je häufiger und konsequenter wir uns bei unseren Engeln bedanken, desto einfacher haben sie es in ihrer Welt und dabei, uns zu helfen.

Sie bekommen mehr Sterne und werden sogar bis zum General befördert.

Dann können uns die Engel große Geschenke machen, manchmal über Nacht. Ja, so funktionieren auch Wunderheilung oder andere Wunder, an die wir fast nicht mehr geglaubt hätten.

Wir dürfen aber nicht nur an Zufälle glauben und es sozusagen damit abtun. Nein, das wäre ein großer Irrtum.

Glaubt fest an die Engel. Glaubt fest an die Wunscherfüllung. Glaubt daran!

Dass es der Engel war.

Nur dann funktioniert es auch.

Glauben ist etwas Schönes.

Mein Engel ist ein General

Könnt ihr euch vorstellen, wie oft ich mich schon bedankt habe, bei meinem Engel? Wenn ich mir etwas wünsche, zum Beispiel eine neue Reklametafel, dann kommt mein Engel sofort am „Wunscherfüllungs-Amt“ in die erste Reihe. Mein Engel hat viele Sterne und wird immer bevorzugt behandelt.

Ich hoffe, ihr könnt mit diesen bodenständigen Beispielen etwas anfangen.

Lest diese Geschichten bitte auch euren Kindern vor, denn wie schön könnte die Erziehung sein, wenn wir mit unseren Engeln zusammenarbeiten.

Allein die Tatsache, dass wir an Jesus glauben können, der uns hilft, ist uns schon viel geholfen. Jesus war einer der führenden Generäle unter den Engeln. Denn Jesus hat es geschafft dass nicht nur ein Erdling an ihn glaubt und sich bei ihm bedankt, nein, es waren Menschenmassen, Völker über viele Generationen, die an Jesus geglaubt und an ihn gedacht und sich für das eine oder andere bedankt haben.

Jesus ist mittlerweile aufgefahren in die fünfte Dimension. Er hat es geschafft und ist kein dienender Engel mehr in der vierten Dimension.

Je häufiger wir uns bei unserem Engel bedanken, desto stärker wird er. Desto schneller und klarer kann er unsere Wünsche erfüllen.

KAPITEL 2

Sidesteps und Erklärungen

Einsteins Relativitäts-Theorie und meine Bilder-Theorie - die Erklärung der Zeit

Und deswegen passt es mit der allgemeinen Relativitäts-Theorie zusammen. Wenn ich mit Überlichtgeschwindigkeit fliegen würde, was laut Einsteins Allgemeiner Relativitäts-Theorie nicht möglich ist, da Geschwindigkeit – Zeit und Masse (Gravitation) – sich gegenseitig beeinflussen und deswegen so viel Gravitation entsteht, dass der Raum sich krümmen und ein sogenanntes schwarzes Loch erzeugt würde. Schneller als das Licht kann sich nur das Teilchen manifestieren, wenn ich es beobachte. Wenn ich es nicht beobachte, ist es eine Welle. Nicht greifbar. Reine Information.

Bewiesen durch das Doppelspalt-Experiment. Wenn ich es beobachte, manifestiert es sich in ein Teilchen, in einen Tisch usw. Wenn ich nicht hinsehe, ist es eine Welle. Was bedeutet der Satz, ich bewege mich in Überlichtgeschwindigkeit – was würde ich dann sehen? Ich würde in die vierte Dimension aufsteigen und würde sehen, wie diese Bilder da herumstehen.

Warum? Wenn ich mit Überlichtgeschwindigkeit fliegen kann, bleibt die Zeit stehen, der Raum krümmt sich wegen der extremen Gravitation, erzeugt durch Geschwindigkeit oder Masse, und ich erzeuge ein schwarzes Loch, indem ich in die vierte Dimension gehen kann!!!

Bitte mitdenken!

Wenn ich mit Überlichtgeschwindigkeit fliege, bin ich schneller, als mein Bild sich manifestieren kann, ich verlasse somit die dritte Dimension und steige in die vierte auf. Durch ein energieerzeugtes Wurmloch. In die Geburtsstätte quasi, die Geburtsstätte unserer Realität, und sehe die endlosen Bilder oder Multiversen, die sich mit jedem gedachten Gedanken immer wieder neu bilden und pausenlos vermehren.

Ich bin aufgetaucht, aus den Bildern, wenn ich mit Überlichtgeschwindigkeit fliege. Dann bin ich stehen geblieben. Kurios: Zuerst bin ich schnell, und dann tauche ich ab, dann bleibe ich stehen und sehe ... Sehe, was Nostradamus gesehen hat, sehe, was alle gesehen haben, die Zukunftsvisionen hatten und haben werden ... sehe alles im Stillstand, weil Zeit und Raum nur bei uns existieren. Weil wir mit unserer Seele, mit unseren Entscheidungen in die Bilder (Multiversen) eintauchen und sie zum Leben erwecken ...

Und in der vierten Dimension ist die Zeit AUS.
Es herrscht Stillstand.

Was hat das mit Einsteins schwarzem Loch zu tun? Es ist eine Verbindung in die vierte Dimension. Es gibt auch Bild-Verbindungen aus schwarzen Löchern, sogenannte Einstein-Rosenbrücken, die das eine und das andere Bild verbinden. Das bedeutet, dass, wenn ich ein schwarzes Loch entdecken würde, das mich mit meiner linearen Linie von der Vergangenheit in die Zukunft verbindet, ich dann in meine Zukunft oder meine Vergangenheit reisen könnte. Doch was, wenn ich in Zeitlinien auftauche, welche sich in ganz anderen Bilderreihen befinden, wo ich eventuell gar nicht existiere?

Wichtig ist zu wissen, dass diese Einstein-Rosenbrücken die Bilder miteinander verbinden, oder manche schwarzen Löcher, welche offen sind, Verbindungen in die vierte Dimension sind.

SIDESTEP JESUS

Ja, ich bin ein gläubiger Mensch ... auch ich glaube an Gott, den allmächtigen Erschaffer des Lebens ... Aber, es tut mir leid, liebe Leute, Jesus war einer von uns.

Das Interessante ist eigentlich, was Jesus geschaffen hat.

Damals waren Sie noch nicht so weit, damals haben Sie es sich anders erklärt.

Es tut mir leid, und ich möchte hier explizit nicht gegen die Kirche sprechen, und es hat auch nichts mit dem lieben Gott zu tun. Ja, es gibt etwas Höheres als die Bilder-Dimension, es gibt Gott, und ich möchte hier auch nicht gegen die Religion sprechen, wir müssen an unsere Engel glauben, wir müssen mit der vierten Dimension arbeiten, der Glaube ist wichtig, um weiterzukommen. (Lesen Sie hierzu das Kapitel: „Mein Engel – der General".)

Aber Jesus war nicht der Sohn Gottes, er war aus Fleisch und Blut, und er war einer von uns.

Ja, Jesus konnte mit starken Entscheidungen und einem starken Glauben Realitäten erzeugen.

Er konnte so viel Energie erzeugen, er hat die Zeit angehalten, hat aber so viel Energie generieren können, um mit einer tiefen Entscheidung gleich mehrere Bilder zu überspringen. Daher nenne ich Jesus auch den Springer.

Er konnte zwei, drei oder sogar mehr Bilderreihen von links und rechts überspringen!

Er hat Menschen in seinem Energiefeld, welches ihn umgibt, mitgenommen.

Das bedeutet: Jesus benützte die Einstein-Rosenbrücke, um die Dinge zu verändern.

Alles eine Frage der Energie

Achtung: Energie! Chi! Buddha, Jesus, Schamanen, es dreht sich doch in unserer Welt alles um das Wörtchen Energie. Können wir Energie steuern? Manipulieren? Lenken?

JA!

Kann ich als Mensch so viel Energie entstehen lassen, dass ich damit die Zeit zum Stillstand bringen könnte?

JA!

Kann ich mich an Energie-Felder anzapfen, in diesem Planeten, in diesem Universum? Kann ich meinen Körper verlassen? Achtung: Kann ich meinen Körper verlassen, wie es so viele Yogis tun, währenddessen sie im Lotussitz meditieren – weil ich so viel Energie in mir habe, dass ich für mich selbst die Zeit anhalte, aus der Zeit aussteige, aus dem Bild sozusagen, aussteige, ich über dem Bild bin, in der vierten Dimension?

JA!

Ist der Weg erklärbar mit der Quantenphysik? Wie schafft es der Yogi, in seinem Lotussitz zu sitzen und den Körper zu verlassen? Indem er einfach den Körper mit so viel Energie versorgt, wie Einstein bereits erklären konnte: Je schneller ich bin, desto mehr Energie brauche ich dafür. Man könnte es genauso nennen, ich brauche Energie, um die Zeit anzuhalten. Ich brauche Geschwindigkeit, Lichtgeschwindigkeit, um die Zeit anzuhalten. Ich brauche also Energie, um aus den Bildern auszutreten.

Kann ich diese Energie selbst erzeugen, mit Gedankenkraft?

Ja, ich kann.

Kann ich mit Energie heilen?

Ja.

Kann ich mit Energie ein Chi entwickeln, welches meine Haut zur Elefantenhaut macht? Ja, ich kann meine Haut mit viel Konzentration, und die damit verbundene Chi-Anhebung, stärken. Ja, haben wir bereits gesehen, das können Mönche und Shaolin-Meister.

Wie im Kleinen so auch im Großen.

Sidestep – Wer war Nostradamus? Eine mögliche Erklärung

Was hat Nostradamus gemacht? Wie hat er in die Zukunft blicken können und so vieles vorhersagen?

Er hat einen Weg gefunden, für sich selbst Energie zu erzeugen.

Und in seinem Energie-Rausch konnte er den Körper verlassen und stieg auf in die vierte Dimension. Er konnte zuerst seine eigenen Bilder-Zeitlinien erkennen, und als er seinen Blick nach vorne schweifen ließ, konnte er sehen: In naher Zukunft …

Als er zurückblickte, sah er die Vergangenheit.

Links und rechts konnte er auch die Zeitlinien erkennen … und hat somit viele verschiedene Zeitlinien beschreiben können.

Noch weiter vorne, in der Zukunft, sah er dann Bilder-Flächen, wo plötzlich alle Zeitlinien davon betroffen waren. Das sind sogenannte kollektive Geschehnisse, die uns alle, also weltumspannend betreffen, weil eben alle Bilderreihen davon betroffen sind. Hier zog sich ein dicker schwarzer Strich durch, mit Bildern der Verwüstung und Zerstörung. Ja verdammt noch mal, was war denn das?

Dann hatte er sich gedacht, er braucht mehr Energie, und sah von der Ferne, wie Menschen standen und schrien: „Heil Hister, Heil Hister!" Nostradamus selbst schrieb in seinen Voraussagen: Die Menschen rufen Heil Hister … Aus der Ferne konnte er nicht genau erkennen, was die Menschen tatsächlich schrien …

Er zog sich aus der Bilder-Dimension wieder zurück, war völlig fertig und schrieb seine Eindrücke nieder.

„Ich sah in einer möglichen Zukunft …", und er beschrieb seine Eindrücke.

Er wurde danach süchtig, es war sein Hobby, in diese Bilderdimension einzutauchen und Zeitlinien zu beschreiben. Je mehr Bilderreihen von einem Geschehnis betroffen waren, desto eher war es möglich, dass die Welt auch wirklich in diese Bilderreihen eintauchte. Es braucht selbstverständlich immer die Entscheidung vom Menschen, welche Bilder letztendlich in unserer Matrix bewegt und durchlebt werden, doch kollektive Glaubenssätze und kollektive Gedanken-Manipulationen (Mainstream, Medien, Hollywood, Musik etc.) führen uns gemeinsam in eine gemeinsame unterbewusst kreierte Zukunft. Hier können wir wiederum verstehen, weshalb es so wichtig ist, mit welchen Nachrichten und Filmen und anderem Gedankengut wir uns verbinden, denn all das gehört dazu, zu unserem Bilder-Cocktail, den wir täglich aufs Neue aktivieren und zum Leben erwecken.

Nostradamus ist nur ein tolles interessantes Beispiel, der mit seinen vielen Voraussagen, auch wirklich recht hatte, die auch wirklich zur Realität wurden. Er beschrieb einfach alle Bilder, links, rechts usw. Und der Mensch, der sich von Nostradamus etwas vorhersagen ließ, wurde selbstverständlich auch von dessen Sichtweise beeinflusst. Er beschrieb alle Balken an Bildern, welche sich links und rechts aus der Zeitlinie heraus ergaben. Mehr oder weniger musste sich eine dieser Zeitlinien realisieren. Doch welche es sein wird, ist, wie gesagt, einzig und allein die Entscheidung des Menschen, der sie durchschreitet. Niemand außer dir kann es beeinflussen. Dieser Verantwortung sind sich jedoch die meisten Menschen (noch) nicht bewusst. Sie gaben die Verantwortung ab und hoben Nostradamus auf einen Podest, bewunderten ihn, weil er ja ach so genau wusste, was die Zukunft bringt. So gesehen und betrachtet ist das „in die Zukunft blicken" einerseits vielleicht sogar sehr gut, wenn wir uns dann selbst tief entschlossen für eine Zukunft entscheiden. Doch öffnen wir uns dem Bewusstsein der Möglichkeit, dass es eben alle Bilder-Möglichkeiten da oben für uns gibt, ja, lieber Leser, Sie haben richtig gelesen. Es gibt alle Möglichkeiten da oben für Sie. Und wenn wir uns dann auf einen Zukunfts-Kartenleser oder Glaskugel-Guru verlassen, der eventuell ein, zwei oder drei Zeitlinien herausfiltern kann für uns, dann beschränken wir unser wahres Sein. Denn in Wahrheit können wir alles erreichen, wenn wir es wirklich wollen. Wir brauchen nur Schritt für Schritt alle diese Bilder, die auf dem Weg dahin für uns bereitgestellt wurden, mit tiefster Dankbarkeit, einer dringenden Absichtserklärung und dem dazu passenden Gefühl voller Verantwortung zu durchschreiten. Wir nehmen alles an, was sich zeigt, und früher oder später kommen wir genau da an, wo wir hinwollen. Der Weg ist das Ziel. Und bitte stellen Sie das Leben oder das Universum nicht infrage, wenn die Zielerreichung nicht nach Ihrem Plan abläuft. Oft sind es die skurrilsten und manchmal auch negativsten Erfahrungen, welche wir machen müssen, um an unser Ziel zu kommen.

Welche Bilder hier zur Durchschreitung auf uns zukommen, ist nicht abwendbar. Diese sind vorgegeben, ja fast schon festgeschrieben, aber wenn wir die Verantwortung an einen Kartenleger abgeben, der eben nur einen kleinen Teil unserer Bilderreihen erkennen kann, dann schneiden wir uns selbst in unsrem Schöpfertum ab.

Die Seele entscheidet sich vor der Reinkarnation für einen Zeitlinien-Plan.

DIE SEELE WILL EINFACH NUR SEIN UND ERFAHRUNGEN SAMMELN

Und warum muss ich durch all diese Bilderreihen durch? Warum kann ich mir schlimme, traurige, furchtbar schreckliche Bilderreihen nicht einfach ersparen?

Weil Sie als Seele, bevor Sie in dieser Dimension in dieses Bild eintauchen, eine Reinkarnation durchmachen.

Sie sind als Seele, glücklich wie immer, in der Quelle zu Haus, in der vierten Dimension. Sie als Seele schwirren also da oben so herum und denken sich, weil Sie noch ein paar Erfahrungen sammeln möchten und sollen, es wird Zeit ein Leben zu leben und neue Erfahrungen zu sammeln.

Das Ziel ist es, mit deinem Engel zu kommunizieren und dadurch deinen Engel zu stärken und irgendwann selbst als Engel aufzusteigen. Das ist der Sinn des Lebens.

Man sucht sich den optimalen Zeitlinienplan und die Bilderreihen für die Inkarnation selbst aus.

Weil es so toll ist, weil es wie ein Hobby ist, weil es eine Erfahrung ist und unendlich viel Spaß macht, sich hier in der Matrix zu spüren. Durch das Tor der Reinkarnation vergisst die Seele nur leider diesen vorher selbst geschmiedeten Plan und kommt somit ohne Erinnerung an die Quelle auf die Welt.

Mit der Absicht, hier einfach zu SEIN und Spaß zu haben. Mit der Weisheit und Gewissheit, zu wissen, ich kann ja eh die Bilderreihen selbst entscheiden und wählen, ich bin kein Opfer, ich bin ja der Schöpfer meiner Realität!

Doch wie gesagt, dieses Wissen vergessen wir, in dem Moment, wenn wir hier inkarnieren.

Kreier dir dein eigenes Leben!

Mit deiner Entscheidung. Mach, was du willst! Du hast die freie Entscheidung!

Du kannst immer machen, was du willst!

Nostradamus hat mit seiner Energie-Erzeugung die Einstein-Theorie bestätigt. Er konnte die Energie erhöhen, Energie erzeugen und so in die Bildergalerie-Dimension eintauchen. (Andere spirituelle Führer nennen diese Dimension auch Akasha-Chronik, Anm. der Red.)

Buddha, Jesus und Yogi-Meister sind sogenannte Springer!

Ich nenne sie spirituelle Meister, sie haben die Materie so weit im Griff, dass sie alle mit der Energie spielen können und konnten. Indem sie mehr Energie generieren, also Energie erhöhen, können Sie dieses Bild verlassen und in andere einfach überspringen. Sie müssen also nicht wie wir von Bild zu Bild wandern, sondern können springen.

Zeitlos. Und hier sprechen wir von Zeitreisen. Das bedeutet, dass der Yogi-Meister im Lotussitz eigentlich ein Zeitreisender ist, indem er die sogenannte Einstein-Rosenbrücke durch Energie erzeugt, durchgeht. Er taucht auf und ein, in eine weiter entfernte Zeitlinie.

Das ist ja das, was alle sagen; auch Eckhart Tolle und andere Gurus, meinen ja, es ist alles da, es ist alles eins, es ist jede Möglichkeit vorhanden.

Weil diese Standbilder von dir, von mir und von jedem einzelnen Menschen in jeder möglichen Version existieren. Alles, was du dir wünschen und vorstellen kannst, jedes erreichte Ziel, ob sportlicher, privater oder wirtschaftlicher Natur, in dieser Bildergalerie ist jeder Gedanke, jede Situation bereits abgebildet. Ja, alles von dir in jeder möglichen Form und Ausdrucksweise ist in diesen Bildergalerien vorhanden. Es ist. Es existiert. Es ist da.

Und du mit deiner Seele belebst das Standbild und durchlebst diese Bilder. Das nennt man dann Zeit und Leben und Vergangenheit und Zukunft.

Dort oben gibt es keine Zeit, es ist alles in Form dieser Bilder und Informationen da.

Akzeptanz und Dankbarkeit: einfache Schlüssel zur Realität

Wenn ich es mir hier und jetzt vorstellen kann, was ich möchte. Zum Beispiel, ich wünsche mir ein Haus. Ich sitze aber in einer Wohnung und will in ein Haus. Wie heißt es so schön in all den vielen Lebenshilfe-Büchern und Ratgebern: Manifestiere es in deinen Gedanken, häng dir Bilder auf, mach es so glaubhaft und lebhaft wie möglich. Denke jeden Tag an dein Haus. Rieche, schmecke und fühle es, wie es ist, wenn du in einem Haus lebst. Sei dankbar (Kapitel 3), so sehr dankbar, als hättest du dein Haus bereits in deinem Besitz. Liebe das Jetzt. Liebe deinen Weg. Lass dich nicht vom Weg abbringen. Gehe deinen Weg. Deinen eigenen. Der Weg ist das Ziel. Beschwere dich nicht über die Hindernisse und/oder Herausforderungen, es sind deine! Verbinde dich mit deinem Ziel und gehe den Weg. Denn das ist dein spezieller Weg zu deinem Ziel.

Angst und Zweifel stehen uns im Weg

Wir müssen lernen, unsere Angst situationsbedingt richtig einschätzen zu können. Wir müssen lernen, wenn wir eine Spinne sehen zum Beispiel, sagen zu können: Danke, liebes Gefühl, dass du mir die Gefahr aufzeigst, aber es ist alles gut, du kannst wieder nach Hause gehen. Und nicht beim Anblick einer Spinne in totale Panik geraten und vor Angst die Wand raufklettern möchten. Das bringt uns nicht weiter, es gibt heutzutage zum Glück viele Techniken, um diese Ängste gut in den Griff zu bekommen.

Wir müssen lernen unsere Gefühle zu akzeptieren.

Die schlimmste Angst jedoch ist die Angst vor der Angst. Denn wenn wir Angst vor der Angst bekommen, dann sind wir gefangen in dem Rad, und wir können keine Entscheidungen mehr treffen.

Eines ist ganz klar: Je früher ich beginne, diese Ängste und Gefühle zu akzeptieren, dieses Gefühl einordnen zu können, desto erfolgreicher kann ich sein. Ich weiß, es sind schon ältere LeserInnen unter euch, über vierzig, fünfzig oder sechzig. Doch es ist nie zu spät. Obwohl wir schon so viele Jahre in diesem Rad stecken, ist es dennoch möglich, hier auszusteigen. Wir können es auch jetzt noch anders machen, umdrehen und neu entscheiden.

Beginne mit der Akzeptanz, übe die Dankbarkeit mit den Engeln, übt und bedankt euch, so oft wie möglich.

Es ist nur möglich, wenn ich alle Zweifel abgelegt habe. Unsere Zweifel sind leider unsere Hindernisse zur Realisierung. Bücher von Bestsellerautoren wie „Bestellungen des Universums“ oder „The Secret“, die schmeißen uns eine Beute zu, und kurz bevor wir es fassen können, das Glück, das Geld, entsteht ein Zweifel, und es ist nicht mehr da.

Wie oft hast du es schon erlebt, dass kurz vor der Erfüllung, kurz vor dem Geld, kurz vor der schönen Beziehung, es plötzlich weg ist. Als würde jemand mit einer Schnur daran ziehen und es dir einfach vor deinen Augen wegziehen.

Dieser angelernte Zweifel ist leider das Problem. Dieser angelernte Zweifel, den bringe ich nur dann weg, wenn ich an den Anfang zurückgehe und diese meine fünf Schlüssel befolge. Nur mit der vollkommenen Akzeptanz – akzeptiere, wer du bist (Jäger, Sammler, Heiler usw. Kapitel 3), können die Zweifel weniger werden.

Es ist in Wahrheit sehr simpel. Akzeptiere, wer du bist, akzeptiere, dass du Wasser trinken musst, akzeptiere, dass du essen musst. Akzeptiere die vierte Dimension, die und vor allem deine Engel – zeige dich dafür dankbar. Öffne dein Herz. Liebe es. Liebe alles, wie es ist. Nur mit der vollkommenen Akzeptanz verschwinden auch die blockierenden Zweifel.

Den Engel annehmen, er bringt mir die Bilder, er bringt mir die Geschenke, er begleitet mich und führt mich. Fühle dafür Dankbarkeit, das muss so wie Essen und Trinken in deinem Leben integriert sein, erst dann sind die Zweifel vollkommen weg. Vollkommen weggefegt. Dann bist du kurz vor dem Ziel, und du greifst einfach zu, weil du es verstanden hast. Weil es der Sinn des Lebens ist, und meine Entscheidung. Und wenn ich mich entscheide, dann gibt es keine Zweifel. Das Schöne daran, durch die Anleitung meiner 5 Schritte werde ich gereinigt von den Zweifeln. Es geht dann von selbst. Man braucht nichts mehr zusätzlich. Wir müssen auch nichts mehr lernen oder dazugeben. Nichts versichern. Meine Theorien sind nicht mehr – es ist so simpel und einfach. Tut mir leid, wenn ihr mehr erwartet habt. Doch es ist die Einfachheit der Akzeptanz, durch welche sich unsere Seele und unser System reinigen, und der Zweifel ist weg.

So einfach ist es.

Übung: Die Meditation. Emotionen als Kompass

Machen Sie jetzt bewusst eine Pause.

Legen Sie das Buch zur Seite und lassen Sie diese Zeilen einmal auf sich wirken. Gehen Sie still in sich, machen Sie eine Meditation und fokussieren Sie die Aufmerksamkeit auf ihren Atem. Machen Sie eine Pause, denn es braucht Zeit, ich nenne es den Aufwach-Prozess, um diese Informationen auch gut zu verstoffwechseln. Legen Sie sich eine gute entspannende Meditationsmusik auf (eventuelle Frequenzanhebungs-Klänge) und atmen Sie tief ein und aus.

Beobachten Sie Ihren Atem!

Das machen Sie mehrere Minuten lang. Sonst nichts. Nur atmen. Und beobachten Sie dabei Ihre Gedanken. Lassen Sie von diesen immer wieder los, als würden Wölkchen an Ihnen vorüberziehen.

Und lenken Sie den Fokus wieder zurück zu Ihrem Atem. Spüren Sie, wie sich der Bauch hebt und senkt, wie Sie innerlich immer ruhiger werden, sich der Körper entspannt, der Herzschlag verlangsamt und Sie in einen wunderbaren Alpha-Zustand gleiten.

Genießen Sie diese Momente, lassen Sie die Idee einer Bilder-Dimension auf Sie wirken und stellen Sie sich folgende Frage:

Was will ich hier in meiner Welt kreieren, worüber würde ich mich freuen?

Starten Sie den Versuch, denn Sie werden staunen, wenn Sie bewusst in Ihr persönliches Zielbild einsteigen, es beleben, mit Freude und aktiver Lebenslust, dann werden Sie vom Leben, von den Engeln und von Gott einfach an der Hand genommen und genau dort hingeführt, worüber Sie sich in Ihrer Meditation gefreut haben. Versuchen Sie wirklich auch das Gefühl in Ihnen entstehen zu lassen, das Gefühl, wie es sich anfühlt, Ihr Ziel erreicht zu haben.Überfordern Sie sich bitte nicht, suchen Sie sich eine Kleinigkeit aus, zu Beginn, um zu üben. Denn Übung macht den Meister. Es ist so, als würden wir einen Muskel trainieren. Das braucht auch die Wiederholung,

Tag für Tag, damit er wächst und stärker wird. So ist es auch mit unserer Bilder-Visualisierung. Täglich 5 bis 10 Minuten reinfühlen, denken, visualisieren, entscheiden, und beleben.

Dann bleibt wie gesagt unserem Leben, den Engeln und Gott, der Quelle allen Seins, nichts anderes übrig, als uns genau dort hinzuführen. Denn unser Leben, die Energie, führt uns immer dort hin, was wir denken und fühlen. Unsere Emotionen sind der Kompass. Machen wir uns das bewusst, ist uns eine wunderschöne, harmonische, liebevolle und mit purer Freude durchtränkte Realität garantiert.

Je stärker wir etwas schöpfen/kreieren wollen, desto stärker sind wir aufgefordert dieses Ziel auch zu fühlen, desto schneller manifestiert es sich in unserer Realitätsdichte.

Je mehr Menschen gleichzeitig Energie erzeugen, desto eher werden wir dieses Energiebild in unsere Realität ziehen.

Wir haben ja gelernt, dass alle Möglichkeiten in Form von Bildern bereits existieren. Wir stellen uns ein Bild vor, wie wir unser Leben haben möchten. Wir schicken viel Energie in Form von Gedanken und Gefühlen in diese Richtung. Und je mehr Energie wir generieren, in unserem Körper oder auch mithilfe von mehreren Menschen (Gruppendynamik, Gruppenmeditation, Gemeinschaften bilden, gemeinsam sind wir stark!!), desto klarer und deutlicher können wir die Wege erkennen. Wir werden auch die Entscheidungen erkennen, welche notwendig und verantwortlich sind, um genau diese Wege einzuschlagen. Je mehr Menschen das gemeinsam machen, desto schneller und leichter wird es, die Entscheidung zu treffen. Desto leichter können wir genau diese vorgestellten Bilder in unserem Leben real werden lassen.

Und wir dürfen daran glauben.

Nein, wir müssen sogar daran glauben.

Und jetzt sind wir wieder beim Thema glauben gelandet.

Der Glaube versetzt ja bekanntlich Berge.

Nicht hingehen und sagen: Ja es wäre eh lustig.

Fang von vorne an. Beginne zu akzeptieren, wer du bist. Glaube mir, du hast jetzt Zweifel, du hast jetzt vielleicht Gedanken, die das Ziel anzweifeln. Glaube mir jetzt, wenn du von Anfang an durchspielst, akzeptierst und alles tust, wie ich es vorschlage, dann sind die Zweifel weg. Dann bist du frei.

Glaube daran, wisse es! Und sei bereits jetzt schon dankbar dafür. Du musst es riechen, schmecken, fühlen. Du musst es wissen, dass es deine Realität ist! Du musst davon überzeugt sein! Und tief daran glauben.

Nicht nur „glauben", sei davon überzeugt. Ohne Zweifel!

Bedanke dich bei deinen Engeln.

Der Schlüssel zu „The Secret" und „Bestellungen im Universum" ist, dass wir zurückgehen müssen in unserer Geschichte. Wir müssen erkennen und akzeptieren, wofür wir hier in dieser Matrix gelandet sind. Im nächsten Kapitel erfährst du, wie wir uns selbst erkennen können, wer wir sind.

Erst wenn wir das angenommen und akzeptiert haben, ja so stark integriert haben in unser Leben, wie Essen und Trinken, erst dann funktionieren all diese Ratgeber. Haben wir Zweifel daran, dass wir essen und trinken müssen?

Nein! Wir müssen unsere Wünsche und Ziele implementieren, wie ein Grundbedürfnis.

Haben wir einen Zweifel, dass die Schwerkraft existiert?

Sie müssen es implementieren, wie ein Grundbedürfnis. Dieses Gefühl müssen wir in die Zukunft projizieren, und das ist der Schlüssel.

Ja, es ist machbar.

Aber nur wenn sie diese Schritte befolgen.

Dann gehen die Zweifel automatisch weg.

Es dreht sich in die richtige Richtung.

Ich verstehe, ich weiß und brauche es nur zu tun, ohne Zweifel.

Wenn wir Kriege und Dramen und Katastrophen vermeiden möchten, dann konzentriere ich mich, besinne mich auf die schönen Dinge und gehe daran vorbei.

KAPITEL 3

Die 5 Schlüssel zur manifestierten Realität

Schlüssel 1: Erkenne dich selbst!

Anmerkung/Kasten/Erklärung: **Gnothi seauton** (altgriechisch „Erkenne dich selbst“) – ist eine vielzitierte Inschrift am Apollotempel von Delphi, als deren Urheber Chilon von Sparta, eine der „Sieben Weisheiten“, angesehen wird. Die Forderung wird im antiken griechischen Denken dem Gott Apollon zugeschrieben.

Wer bin ich? Jäger, Sammler, Krieger oder Hüter?

Das Interessante ist, dass in der Steinzeit die Eltern ihre Kinder bereits in sehr frühen Jahren einteilen konnten in Jäger, Sammler, Hüter (Schamane) oder Krieger. Sie haben das sehr bald bei ihren Kindern gesehen und konnten so den Weg für ihre Nachkömmlinge gut pflastern.

Sie wurden für ihre Aufgabe angelernt und erzogen. Früher konnten wir mit dieser Sache gut umgehen und glücklich werden.

Die Frage: Wer bin ich?, wurde somit von Anfang an geklärt und dir auf deinem Lebensweg mitgegeben.

Heutzutage haben wir davon keine Ahnung mehr! Keiner weiß, wofür er auf die Welt gekommen ist! Keiner weiß seine Lebensaufgabe, geschweige denn hat einen guten Lebensplan. Wir befinden uns mehr oder weniger im Chaos auf der Suche nach uns selbst.

Daher ist die Frage: Wer bin ich?, und die Antwort: Erkenne dich selbst!

Der Jäger. Bin ich ein Jäger?

In der Steinzeit haben die Jäger Tiere für das Abendessen gejagt.

So erkennen Sie heute einen Jäger

Er jagt seinem Erfolg hinterher, liebt den Wettbewerb und wird sich immer wieder nach Erreichung seiner Ziele neue Ziele stecken. Umtriebig, ständig auf der Jagd sozusagen. Nie zufrieden, kaum hat er seine „Beute" erledigt, macht er sich auf die Suche nach einem neuen „Opfer". Das ist der Jäger. Viel Energie, aktiv, immer unterwegs. Oft auch von einer Party auf die nächste. Er sucht immer das „noch bessere" Erlebnis, das bessere Haus, das bessere Auto, die bessere Frau, den besseren Job und, und, und ...

Heute jagt er den Frauen hinterher, ein sogenannter Frauenjäger ... diese Begriffe sind uns allen sehr geläufig.

Löwen jagen, Hasen jagen –, ein Jäger lebt seinen Jagdinstinkt.

Der Jäger will sich vermehren, teilen. Er will sein Sperma verteilen und sich vermehren, daher möchte ein Jäger so viele Frauen wie möglich „erobern". Er möchte so viele Nachkommen haben wie möglich. Hier gibt es keinen Unterschied zwischen Mann und Frau. Alles ist gleich. Es gibt hier keine männliche oder weibliche Unterscheidung. Das kommt von der Seele her, und die Seele hat kein Geschlecht.

Es gab auch Kriegerinnen und Jägerinnen, in vielen Mythen und Sagen festgeschrieben, das hatte alles einen Grund und eine Bedeutung.

Der Krieger. Bin ich ein Krieger?

Ein Krieger beschützt sein Volk und allzeit bereit für den Kampf gegen andere Krieger. Wir haben damals Männer (oder auch Frauen) gebraucht, die uns beschützt haben vor den anderen Stämmen. Sonst wurden wir ausgeraubt, sie haben uns alles weggenommen, was wir uns bei Tag mit viel Mühe herbeigeschafft, gesammelt und gejagt haben. Die Krieger haben unsere Habseligkeiten verteidigt.

So erkennen Sie heute einen Krieger

In unserer Gesellschaft findet man den Krieger als jenen, der sich mit anderen messen möchte. Jemand, der in den Wettkampf geht. Das geht zum Beispiel im Sport, hier messen sich die Krieger im Boxring, Schwimmstadion, auf dem Tennisplatz, am Fußballfeld. Einer will gewinnen, einer will der Bessere sein. Das geht auch im Wirtschaftskontext zum Beispiel. Auch hier messen sich die Manager und kämpfen um Geld, um Macht, um Anerkennung. Der Krieger ist in unserer heutigen Welt sehr oft vertreten. Überall dort, wo es um Konkurrenz geht, da ist der Krieger zu Hause. Es gibt sehr viele Wege und unterschiedliche Wege als Krieger. Man muss nicht Boxer sein, per se, um Krieger zu sein. Der sogenannte „Friedvolle Krieger", wie ihn bereits Dan Millman beschrieben hat in seinen Büchern und Filmen, („Der Weg ist das Ziel"), ist dann im Frieden, wenn der Krieger seinen Auftrag hier erkannt hat. Der Krieger muss nicht immer mit Bomben und Granaten aufmunitioniert sein, er muss nicht immer in einen „Krieg“ ziehen, wohl eher in seinen eigenen persönlichen Krieg, den er meist gegen sich selbst führt.

Wir müssen lernen zu akzeptieren, aus welchem Holz wir geschnitzt sind, dann ist unser Leben im „Flow“.

Der Sammler. Bin ich ein Sammler?

Sammler waren sehr wichtig und hatte einen hohen Stellenwert in ihrem Umfeld. Jeder hatte eine wichtige Aufgabe, das ist das Gesetz der Natur. Das sind wir Menschen. Das sind wir. Der Sammler geht sammeln. Beeren, Äpfel und Holz. Nahrung für sein Volk, für seinen Stamm. Damit sie einen harten Winter überleben konnten, mussten genügend Vorräte gesammelt werden.

So erkennen Sie heute einen Sammler

In unserer heutigen Welt ist der Sammler daran zu erkennen, dass er ständig Prospekte durchforstet, um Preise zu vergleichen, denn ein Sammler wird immer das beste Schnäppchen für sich finden können. Er sammelt Briefmarken, Trophäen, Münzen, Autos, alles, was man so sammeln kann.

Der Hüter. Oder der Schamane.Bin ich ein Hüter?

Der Hüter oder Schamane hilft, unterstützt und heilt. Er hält alles zusammen und kann negative Energien transformieren. Der Hüter hatte die Aufgabe, den Nachwuchs zu versorgen und zu behüten, währenddessen die Eltern auf der Jagd oder sammeln waren oder das Volk beschützten. Er kannte sich gut mit Kräutern und Heilpflanzen aus und hatte immer eine passende Medizin bei Krankheiten parat.

So erkennen Sie einen Hüter

Ärzte, Heilpraktiker, Masseure, Therapeuten und auch Kräuterhexen sind in unserer heutigen Welt als Schamane und Hüter zu finden.

Es gibt auch Mischungen. Wir haben alle Anteile der Grundausrichtungen, die Blutlinie hat sich vermischt. Daher wird es auch leider nicht mehr so klar ersichtlich. Doch dennoch, bis zu 75 Prozent ist ein Anteil erkennbar, das ist dann der, nach dem wir uns ausrichten dürfen.

Erkenne dich selbst! Was bitte heißt das eigentlich? Der erste Schlüssel zum Erfolg: Erkenne dich selbst!

Wenn du weißt, dass du zum Bespiel ein Sammler bist, dann sei ein Sammler und sei bitte zufrieden, dass du Briefmarken oder weiß Gott was sammelst. Wenn du ein „Messi" geworden bist, und damit an den Rand unserer Gesellschaft geschoben wurdest, dann sei darüber nicht traurig, sondern erkenne, dass du eine Aufgabe brauchst, um Informationen oder Dinge zu sammeln. Der verlorene Sammler wird häufig zum „Messi" und weiß mit seinen Gefühlen nichts anzufangen. Weil er kein Ventil dafür hat. Wie gesagt, das Erkennen der eigenen Grundstruktur würde ihn sofort glücklich machen. Nur dann kann ich auch in meinem Leben dementsprechend erfolgreich sein, weil die erste große Frage im Leben, „Wer bin ich", beantwortet ist und ich somit dieses Wissen auch wirtschaftlich gesehen für mich gut nützen kann. Zum Beispiel, ein Sammler kann seine Briefmarkensammlung zu hohen Preisen verkaufen.

Wenn jemand im Gefängnis sitzt, der hat vielleicht seine Aufgabe als Soldat oder Krieger nicht verstanden und nicht erkannt. Es tut mir leid, dass ich so eine Aussage hier treffe, aber es ist so hart und einfach zugleich, wie es ist.

So finden Sie heraus, aus welchem Holz sie geschnitzt sind: Wer bin ich? Die Übung:

Zuerst müssen wir lernen zu meditieren. Das heißt: Wir müssen lernen unsere Gedanken zu zähmen und mal an nichts zu denken.

Unseren „Monkey Mind" zur Ruhe bringen.

Uns sortieren und orientieren.

Das geht am einfachsten, wenn wir uns hinsetzen und atmen.

Zehn Minuten am Tag nur atmen und den Atem dabei beobachten.

Wenn das gut funktioniert, dann gehen Sie raus in ihre Welt und probieren Sie doch einfach die Tätigkeiten, welche ein Jäger, ein Sammler oder ein Krieger gerne machen, aus. Wobei haben Sie die meiste Freude? Was macht Ihnen Spaß?

Macht es Ihnen Spaß, Preise zu vergleichen und DAS Schnäppchen zu ergattern? Bekommen Sie Lust, günstig einzukaufen? Dann sind Sie ein Sammler.

Oder machen Sie einen Jagdschein, und sehen Sie, ob Ihnen das gefällt. Dann sind Sie ein Jäger.

Gehen Sie gern Fußball spielen und messen Sie sich gern? Spielen Sie sehr gern? Wollen Sie gewinnen? Lieben Sie Wettkämpfe? Dann sind Sie ein Krieger.

Kümmern Sie sich immer um andere, interessiert es Sie, andere zu heilen, zu pflegen oder zu begleiten? Dann sind Sie wahrscheinlich der Hüter oder ein Schamane.

Leseempfehlung: „Der Pfad des friedvollen Kriegers" von Dan Millman.

Wenn Sie wissen, wer Sie sind, dann bitte ich jetzt jeden Leser, dieses Wissen weiterzugeben. Wir erkennen einander, wenn wir bewusst geworden sind. Sie können auch gerne den anderen Menschen in Ihrer Umgebung die Augen öffnen. Denn nur weil wir nicht wissen, wer wir eigentlich vom Grunde her sind, deswegen befinden sich so viele Menschen in Depressionen, im Burn-out oder anderen psychischen Störungen. Deswegen sind wir nicht glücklich.

Es ist unsere Pflicht, wenn wir es wissen, dieses Wissen weiterzugeben. Weil wir doch alle in einer glücklichen Welt leben möchten.

Die Suche nach dem Sinn des Lebens, lieber Leser, ist ab sofort beendet. Denn die Suche endet dann, wenn wir wissen, wer wir sind.

Und wenn wir da einmal genauer hinblicken und erkennen, dann fällt uns auf, dass das früher gang und gebe war, ja stinknormal, zu wissen, wofür wir eigentlich auf diese Welt gekommen sind. Doch heutzutage ist dieses Wissen in Vergessenheit geraten, und das ist schon sehr dramatisch. Denn das hat sehr negative Auswirkungen auf Körper, Geist und Seele. Wir werden krank und schwach. Weil die Seele, die ja weiß, wer du bist, sich über die Krankheit ausdrücken möchte, dir mitteilen möchte, dass du auf den falschen Weg gekommen bist.

Wir suchen und suchen über vierzig oder fünfzig Jahre lang, wer wir sind, und finden es nicht. Wir bekommen Krebs, verlieren den Job, stehen vor den Scherben unserer Ehe. Alles nur, weil wir nicht wissen, wer wir sind.

Mit dreißig war der Steinzeitmensch Schamane, weil er es bereits als Kind erfahren hat, dass er Schamane ist.

Heute wissen wir es nicht, wir haben keinen Platz im Leben, wir wissen nicht, was wir tun sollen.

Dann: Meditiere in die vier Daseinsformen und entdecke dein wahres Sein!

Schlüssel 2: Der zweite Schlüssel zum Erfolg

Keine Zweifel/keine Angst!
RAUS AUS DER ANGST!

So schaffen wir es, unsere Angst zu besiegen.

Wir sind ohne Zweifel und ohne Angst auf die Welt gekommen. Wir haben schon erkannt, dass, wenn wir angeborene Zweifel hätten, wir dann alle nicht gehen könnten. Denn wenn das Kind hinfällt, dann steht es wieder auf. Und das Baby denkt sich nicht: „Der dort drüben auf der anderen Straßenseite, der kann schon so gut gehen, oh mein Gott, das lerne ich nie! Das kann ich nicht! Das schaff ich nicht!" – das denkt sich kein Kind. Das bedeutet – wir haben keinen angeborenen Zweifel!

Sondern es steht einfach so oft auf, bis es gehen kann. Wir können alle gehen.

Das bedeutet: Der Zweifel ist angelernt! Denn wäre es nicht so, dann hätten wir uns wahrscheinlich gedacht: „Na ja, ich kann das doch nicht", und wären alle sitzen geblieben!" Aber siehe da: Wir gehen alle!

Es gibt bereits Hunderttausende von Büchern zu diesem Thema, ich werde das hier nicht näher erläutern, auch die leider bereits verstorbene, aber durchaus eine der bekanntesten Motivationstrainerinnen und Professorin, Vera Birkenbihl (1946–2011, Deutschland) – ich finde sie wirklich fantastisch in ihren Ausführungen –, auch sie hat es in einer ihrer Reden angesprochen, diese angelernten Zweifel, welche niemals angeboren sein können, weil wir sonst alle auf allen vieren durch die Welt kriechen würden, bei den vielen Zweiflern, die hier in unseren Breitengraden unterwegs sind.

Ich glaube, dass der Zweifel angelernt wird, durch unsere Sprache, unser Dasein, in unserer Erziehung. Es beginnt bei den Eltern, und wenn diese unaufmerksam und unreflektiert, ja ungebildet sagen: „Na ja, ich glaub nicht, dass du das kannst!"

Hier beginnt die Misere, die Zweifel-Katastrophe eines jungen Menschen. Denn wenn wir jung sind, nehmen wir uns solche Informationen sehr zu Herzen, wir glauben, was die Eltern sagen. Und wenn nicht einmal die an uns glauben, ja wer soll denn dann an den Erfolg glauben? Wir hinterfragen und denken, ja wir glauben: „Aha, könnte das sein, dass Mama oder Papa recht haben? Könnte es sein, dass ich das nicht kann?"

Wir sind besonders offen, beeinflussbar und programmierfähig im Alter von 0 bis 7. Hier legen wir die Weichen für eine erfolgreiche oder erfolglose Zukunft. Ins Positive genauso wie ins Negative.

Dumme Menschen beeinflussen uns negativ, intelligente Menschen beeinflussen uns bewusst positiv.

Mir selbst hat mal im Kindesalter jemand gesagt: „Jo na genau du! Grad du!"

Und hier kristallisieren sich jetzt zwei verschiedene Menschtypen heraus: Der eine, eben der Zweifler, der sagt: „Jo eh, i waass eh, ich kann des net!", und so zum Versager wird, und der andere, der sogenannte Rebell: der meint: „Na, dir werde ich es zeigen!", und somit eine Kraft und Motivation entwickelt, die oft als Wunderkind oder besonders begabt hervorsticht.

Es kommt auf den Charakterzug an. Entweder wie gesagt, der Zweifler, der daraus Ängste für sein Leben entwickelt, oder eben der Rebell, der es allen anderen immer wieder beweisen möchte.

Kaum gibt es den Mittelweg. Der Mittelwege wäre der gesündeste, den kann man nur dann bestreiten, wenn die Beziehungsberechtigten dementsprechend intelligent sind und das Kind führen können.

Hier gibt es verschiedenste Zugänge und Meinungen zu diesem Thema, das kann aber jeder selbst für sich entscheiden und handhaben.

Ängste sind ein weiterer Verhinderer zum Erfolg. Ängste steuern und manipulieren uns. Ja, auch die Medien steuern uns mit Ängsten. Angst hält klein und manipuliert. Die oberen Zehntausend des Systems steuern uns und werfen uns immer wieder Angstbrocken zu, damit wir wie gesagt klein bleiben.

Aus dem System aussteigen können wir nur, indem wir keine Ängste und keine Zweifel haben. Dann ist man nicht mehr im System. Wenn ich dem System nicht Glauben schenke, in dem er mich kleinhalten kann, bin ich nicht mehr in dem großen, starken, geleiteten System. Wir alle kennen die Lemminge, und diese rennen diesen hinterher.

Beginnen Sie die richtigen Fragen zu stellen! Machen Sie sich angstfreie Gedanken!

Schlüssel 3: Blicke dem Tod in die Augen!

Warum?
Weil ich mich dem Tod gestellt habe. Inwiefern? Ganz ehrlich: Ich bin zu jeder Zeit bereit zu sterben.

Ich bin bereit zu sterben – um zu leben!
Muss ich sterben, um zu leben? (Falco, „Out of the Dark“)

Was wäre, wenn ich jederzeit bereit wäre, zu sterben? Ich akzeptiere, dass ich sterben kann, das muss mir bewusst sein, zu jeder Zeit. Denn mein Körper ist zum Teil eine Maschine, es kann mir etwas auf den Kopf fallen, ich kann stolpern, ich habe einen Autounfall, ich habe eine Lebensmittelvergiftung ... es gibt so viele Möglichkeiten zu sterben. Ich akzeptiere, dass jeder Atemzug mein letzter sein kann. Erst dann bin ich frei. Erst dann kann ich meine Schlüssel annehmen.

Wer ich bin

Das akzeptieren, dass ich sterben kann.

Dass das Leben ein Geschenk ist, dass ich mein eigener Herr bin im Leben, dass Angst nicht existiert – warum soll ich Angst haben, wenn ich sowieso sterben kann?

Warum hast du davor keine Angst = Weil ich sterbe.

Warum hast du keine Angst, selbstständig zu werden? Weil ich eh sterbe.

Doch viele haben Angst vor dem Sterben –, vor dem Tod!

Das ist ein guter Hinweis, doch diese Angst ist uns nicht angeboren, sondern, ebenso wie der Zweifel, angelernt!

Warum ist diese Angst nicht real?

Da müssen wir zurück in die Steinzeit: Angst hat uns damals in der Steinzeit das Leben gerettet, wir haben gewusst, dass wir sterben werden, wir haben gewusst, was Angst bedeutet.

Angst hat Folgendes bedeutet: Achtung, da ist ein Löwe!

Durch die Angst wurden wir aufmerksamer. Wachsamer.

Das heißt, wenn ich in der Steinzeit Panik hatte, hatte ich nicht so eine Angst, wie sie uns in unserer Welt angelernt und antrainiert wurde. Diese fast schon lähmende Angst ist, leider, meine lieben Leserinnen und Leser: krank!

Sie ist ein biologischer Vorgang. Bei ihr werden Hormone ausgeschüttet, Adrenalin, damit ich bei der Löwen-Begegnung davonlaufen kann. Kraft und Power habe, um davonzulaufen.

Sie hat uns damals das Leben gerettet, denn wir hätten gar nicht so schnell dem Löwen davonlaufen können, denn wir hätten uns den Muskel eingerissen. Doch durch dieses Gefühl der Angst wurden wir darauf vorbereitet, und das notwendige Adrenalin gab uns diese Kraft. Ich musste mich gar nicht aufwärmen, konnte gleich wegsprinten. Ich konnte mein Leben retten. Danke, dass ich diese Kraft generieren konnte. Ich war dankbar, dass ich das leisten konnte, in dieser kurzen Zeit.

Ich konnte ganz klar unterscheiden, ob ich zum Diener meiner Angst werde oder die Angst mein Diener.

Wir konnten damals mit dieser Angst umgehen, aber auch nur aus der Akzeptanz heraus, dass ich sterben kann und werde.

Und mit jedem Gefühl, das bei mir auftaucht, mit Freude oder mit Angst, das ist komplett egal, das war nur ein Gefühl zum Unterscheiden, ob ich jetzt bereit sein muss oder eben nicht.

Angst hängt mit dem Tod, mit dem Sterben zusammen.

Die Menschen sind sehr arm. Hat irgendjemand Angst vor der Geburt? Hat irgendjemand, Angst, dass wir Kinder bekommen?

Vor der Geburt haben wir per se keine Angst, wir freuen uns auf die Geburt. Doch die Geburt und der Tod sind fast das Gleiche. Dazwischen liegt das Leben als Erfahrung.

Jeder ist für sich selbst verantwortlich.

Das müssen wir uns klarmachen. Das müssen wir uns immer vor Augen halten. Ich habe es akzeptiert, dass Angst nicht existiert. Ich habe die Angst zu meinem Diener gemacht.

Ich lasse mich von diesem Gefühl nicht lenken und leiten. Ich habe akzeptiert, dass ich jederzeit sterben kann, und nur dann kann ich die richtigen Entscheidungen treffen. Und nur dann kann ich beginnen mit dem dritten Schlüssel.

Nachdem ich weiß, wer ich bin.

Nachdem ich weiß, dass Angst nicht existiert, sondern nur eine Hormonausschüttung ist, damit ich Leistung bringen kann, und es die Panik vor dem Tod per se auch nicht gibt, sondern angelernt ist, habe ich also keine Angst vor dem Sterben!

Dann, erst dann bin ich bereit für den dritten Schlüssel:

Dann kann ich akzeptieren, dass es eine vierte Dimension gibt.

Dass ich mich bedanken kann, ohne Angst. Bei meinen Engeln.

Ich glaube, dass die Angst bei unseren Wünschen eine große Rolle spielt. Ich glaube, dass die Menschen, die „The Secret“ sehen, lesen oder hören oder „What the Bleep Do We Know?“, dass diese Menschen Angst haben, vor der Realisierung ihrer Wünsche und Träume, weil sie nicht akzeptiert haben, dass sie jederzeit sterben können!

Weil sie nicht wissen, wer sie sind, und weil sie während des Wünschens nicht klar genug sind und es auch nicht so akzeptieren, weil immer eine Schleier der Angst über ihnen schwebt, der es nicht zulässt. Weil sie es sich nicht zumuten, nicht zutrauen, weil sie sich zu wenig wert fühlen, nicht wissen, wer sie sind, weil sie keine Idee haben, wie es sein könnte ohne diesen Schleier.

Ärzte und Wissenschaftler versuchen uns einzureden: Das ist die angeborene Angst, und die Psychotherapie führt uns in Wahrheit auch nur im Kreis, weil sie sich immer mit der Angst, der Panik und den Situationen aus der Vergangenheit auseinandersetzt.

Zurück zum Baby bei der Geburt: Der Körper wird bei der Geburt für eine Aktion vorbereitet. Das Kind bereitet sich vor. Es bekommt zum ersten Mal im Leben einen Adrenalinschub. Das Kind weiß: Achtung, jetzt muss ich tun, jetzt muss ich handeln, jetzt bin ich da. Jetzt geht es los. Ich habe als Baby, das erste Mal das Gefühl dieser Warnung, dieses: Achtung, es kommt was! Adrenalin macht mich stark für diese Situation, damit ich diese meistern kann.

Und das ist übrigens bei jedem Gefühl so, welches wir empfinden. Es ist reine Interpretation und Erziehungssache. Programm. Erziehung, eine Art und Weise also, wie ich es präsentiere auf dem Silbertablett; wie ich es dem Kind vorlebe, so interpretieren wir die Grund-Gefühle – Angst, Wut, Freude, Liebe, Zorn.

Zurück zur Steinzeit: Mit vier Jahren muss das Steinzeit-Kind das tote Tier aus dem Wald holen. Und auf einmal wird das Kind mit diesem Gefühl konfrontiert. Wie das erste Gefühl bei der Geburt. Angst: Uhh, was ist da jetzt los? Der Kleine läuft zum Papa und sagt: „Papa, ich trau mich nicht, ich hab so ein komisches Gefühl!“ Da erklärt der Vater dem Steinzeit-Sohn: „Dieses Gefühl, mein Sohn, das sind deine Hormone, dieser Hormoncocktail aus Adrenalin und Serotonin bereitet dich auf etwas vor, sei wachsam, schärfe deine Sinne, hol das Tier, geh da hin, pass gut auf, konzentriere dich, du bist beschützt, jetzt bist du bereit.“ Und er geht und tut es. Er kommt zurück mit dem Tier.

Wir haben es verlernt, zu entscheiden. Wir können nicht mehr realistisch beurteilen und entscheiden.

Wir können nicht mehr entscheiden, ich für mich, wir für unsere Kinder, weil wir von dieser bescheuerten Angst, die wir angelernt bekommen haben, gelähmt sind. Weil uns keiner gelehrt hat, damit akkurat umzugehen.

Die Angst zu entscheiden. Der Körper weiß ja nicht, ob die Gefahr wirklich groß ist oder nur klein. Der Körper reagiert mit einem Gefühl: Achtung!

Der Körper sagt: Ich habe dir ja nur mitgeteilt, dass hier eine Spinne sitzt und mit einem Gefühl mit dir kommuniziert. Und du musst jetzt selbst entscheiden und sagen, was wir tun. Entscheide und laufe weg, entscheide und nimm einen Besen und kehr die Spinne weg, entscheide und rufe jemanden um Hilfe, aber bitte: Sei nicht gelähmt!!! Das ist nicht der Sinn dieser Übung.

Und mein Verstand, meine Kraft, meine Stärke kann dann sagen: Es ist ja nur eine kleine Spinne ... keine Angst ... o.k. ...

Warum haben wir oft Angst vor kleinen Insekten und kleinen Spinnen, obwohl wir wissen, dass es sich hierbei um ein kleines harmloses Tierchen handelt?

Weil es so in der Evolution vorgesehen war und ist, dass auch kleine Tiere große Wirkung haben können, also ist diese Urangst, zu verstehen als Vorsicht, in unseren Genen, in unserem Körper abgespeichert.

Und wir also diese Reaktion weder ab- noch ausschalten können. Wir müssen es – Achtung, hier sind wir wieder bei Schlüssel eins: Akzeptieren!

Akzeptiere dein Gefühl und nimm es als Warnsignal an, lass dich nicht von diesem Gefühl lähmen!

Denn Gott sei Dank haben wir dieses Alarmsignal eingebaut, wir können mit dem Verstand abwägen, ob wir nun in Lebensgefahr sind oder nicht.

Diese Angst vor Entscheidungen, Spinnen oder der Dunkelheit wurde uns angelernt. Weil wir nicht akzeptiert haben, dass wir sterben können, jederzeit.

Ich habe keine Angst, ich kenne das nicht!

Angst ist ein Signal und überlebenswichtig für uns, denn sonst würden wir wahrscheinlich nicht leben, weil wir aus dem Fenster springen würden, ohne Angst.

Die Frage: Was würdest du tun, wenn du nur mehr 24 Stunden zu leben hättest? Dann plötzlich kommen die Menschen drauf, machen es und denken nicht mehr nach.

Erst dann wird ihnen bewusst, dass sie täglich sterben können. Mit dieser Haltung zum Leben ist es einfacher, Entscheidungen zu treffen.

Akzeptiere, dass du stirbst!
Sei kein Hosenscheißer!
Tu, was du tun möchtest!
Und entscheide dich jetzt!

Ich würde gern für Angst ein anderes Wort nehmen, sagen wir anstatt Angst „Bereitschaft“, dann können wir eventuell mit dem Gefühl besser umgehen. Denn das Gefühl Angst wurde falsch interpretiert.

Angst, oder eben das Gefühl der Bereitschaft, wird bereits bei der Geburt geprägt. Hier begegnen wir zum ersten Mal dieser Empfindung, diesem Hormoncocktail, diesem „Achtung, sei wachsam, sei stark, jetzt passiert etwas, wo wir deine Achtsamkeit brauchen“. So wie die Geburt verläuft, so werden dann auch Angst-Gefühle einprogrammiert und abgespeichert. Es lohnt sich daher, über die eigene Geburt zu reflektieren. Viele Psychotherapeuten nehmen sich bereits diesem Thema an. Hier werden das Urvertrauen und viele andere Gefühle geprägt. Doch das würde jetzt den Rahmen dieses Buches sprengen.

Übe, mit deiner Angst umzugehen – mach einen Kampfsport!

Übe, diese Hürden zu nehmen.

Leicht wird es nicht, das behaupte ich nicht, die Hürden werden immer höher, umso älter wir werden. Die Hürden werden immer höher und größer, aber sie werden immer kleiner, umso öfter wir unsere Hürden zu nehmen lernen, umso kleiner werden sie. exponentiell. Das Teilchen teilt sich immer um 50 %. So auch unsere Hürden und Ängste. Einmal die Angst überwunden, ist sie beim nächsten Mal nur mehr 50 % so groß, die Hürde. Das kann ich euch versprechen. Weiter und weiter. Die nächsten Hürden sind nur halb so groß und so weiter und so fort ...

Es geht ewig so weiter. Es werden in unserem Leben immer wieder Hürden kommen. Weil immer nur die Hälfte weggenommen wird. Es kann alles immer kleiner werden, aber es wird nie ganz verschwinden. Selbst ein Stream-Teilchen kann ich teilen, aber es wird nie verschwinden.

Je früher wir mit unseren Hürden beginnen, desto einfacher haben wir es in unserem Leben, mit dem Angstgefühl umzugehen und Entscheidungen zu treffen. Wir müssen lernen zu üben.

Deshalb wäre es sehr wichtig, dass wir es unseren Kindern bereits beibringen, mit den Gefühlen umzugehen. Keine Angst vor dem Versagen! Es gibt kein Versagen, sondern nur ein Ergebnis.

Wer nicht weiß, was er tun, welchen Weg er einschlagen soll, dem rate ich, einen Kampfsport zu beginnen. Geht in das nächste Kampfsportcenter und übt den Sport aus, einen Wettkampf, ein Sparing, scheißt euch so richtig in die Hose, stellt euch hin, Mann gegen Mann, so eine Hürde würde schon reichen, seine Angst zu halbieren.

Viel Spaß damit!

Schlüssel 4: Der 4. Schlüssel zum Erfolg: DANKBARKEIT

Und DEIN GLAUBE

In der Steinzeit haben die Menschen hundert Prozent an Gott geglaubt. Es gab keinen Zweifel. Es war Gesetz, was der Schamane sagte und wusste, mit der Kette in der Hand wurde gebetet, und sie haben sich bedankt.

DANKE. Vom Herzen als Lebenselixier, tatsächlich gefühlt.

Doch heute in der verwirrten Welt, in unserer von der Wirtschaft geprägten Welt, haben wir verlernt, dankbar zu sein.

Niemand hat es leicht, niemand ist vollkommen. Doch wenn wir täglich wieder das Dankbar-Sein zelebrieren, desto inniger leben wir.

Überzeugend dankbar sein.

Wir haben alle eine Gehirnwäsche hinter uns (System, Schulsystem etc.), und wir müssen uns selbstständig wieder eine neue Gehirnwäsche verpassen.

Wir müssen an etwas glauben. Und ich gebe euch mit diesem Buch Material, um wieder an etwas zu glauben.

Probiert es aus, und ihr werdet sehen, dass es funktioniert.

Energie folgt der Aufmerksamkeit. Achte daher auf deine Gedanken und Worte. Achte auf deine Gefühle. Dort, wo wir unsere Achtsamkeit hinlenken, dort erhöht sich die Energie. Wir sind Schöpfer unserer Realität. Indem wir uns schon im Vorhinein bei unserem Engel für die vollbrachte Tat bedanken, gehen wir damit in Resonanz. Das Universum muss dir also mit deiner inneren Ausrichtung antworten. Das nennt man dann Wunscherfüllung und Realitäten erschaffen. Es geschieht immer nur im Jetzt.

Versuche deine Gedanken zu zügeln. Je mehr Gedanken wir im Chaos haben, je mehr wir unsere Gedanken auf Sorgen und Probleme lenken, desto schwächer werden wir. Das nimmt uns die Energie weg. Also: „Think po-

sitiv" hat schon seinen Grund und seine Berechtigung – verbinde es mit einem positiven Gefühl, dann gelingt die Wunscherfüllung.

Affirmationen haben eine Berechtigung und sind sehr wichtig und gut. Es sich vorzusagen, laut oder nur in Gedanken, ist wesentlich zur Realitätenerschaffung. Doch um wirklich das so erhoffte Glück zu fassen, um es zu bekommen und auch zu leben, müssen wir zuvor alle Zweifel eliminieren. „The Secret" oder „Die Bestellungen beim Universum" könnte man so vergleichen: Sie werfen dir einen Brocken hin, doch du kannst es nicht fassen. So, als würde ich dir einen Brocken Fleisch zuwerfen, und du kannst es nicht essen, weil ich es dir wieder vor der Nase wegziehe. Und dieses Wegziehen sind unsere Gedanken der Zweifel. Oh, vielleicht habe ich das große Glück doch nicht verdient – und weg ist es. Zack. Weg. Kurz bevor wir es angreifen können, fassen können das Geld, ist der Zweifel da, und es ist wieder weg, die Chance. Kurz vor dem Ziel, kurz vor dem Geld – es ist so klar da, und zack ist es weg. Weil in eurem Unterbewusstsein der Zweifel verankert ist, der angelernte Zweifel. Den bringe ich nur dann weg, wenn ich bis zum Anfang zurückgehe. Nur mit Akzeptanz, wer ich bin (Jäger, Sammler etc.), nur dann gehen von allein die Zweifel weg.

Wasser, essen, trinken, akzeptieren.

Dritte – vierte – Dimension: Ich lebe nur gut, wenn ich meinen Engel leben lasse – wir sind alle eins. Der Engel braucht mich – ich brauche ihn. (Kapitel „Mein Engel – der General").

Schlüssel 5: Die Akzeptanz

Akzeptieren, wer ich bin.
Akzeptieren zu danken, dass ich es bin.
Akzeptieren, dass es noch jemanden gibt, der auf dich schaut. Dein Engel nämlich.
Akzeptiere, dass das Leben nach dem Tod weitergeht.
Akzeptiere, dass du dich bei deinem Engel bedanken musst.

Wir müssen damit beginnen, zu akzeptieren, dass die Vergangenheit und die Zukunft eigentlich egal sind. Vor allem die Vergangenheit, denn diese ist vorbei. Deshalb zahlt es sich nicht aus, darüber auch nur eine Sekunde lang nachzudenken, denn diese ist vorbei und vergangen – wie es das Wort Vergangenheit schon sagt.

Egal ob sie etwas Schönes oder etwas Negatives erlebt haben, es ist egal. Das Einzige, was zählt, sind die Erfahrungen, welche ich in mein Leben mit weiternehme, da bin ich selbst dafür verantwortlich, denn ich entscheide, welche Erfahrung ich mir merken möchte, also in mein weiteres Leben mitnehme oder eben nicht.

Wäre ich denn nicht wirklich schön, wie der Wiener sagt „schön deppat", wenn ich mich nur auf die negativen fokussiere und die negativen mitnehme?

Wie blöd kann man sein, wenn wir ständig nur die Vergangenheit mit den negativen Sachen mitnehmen in unser Leben?

Sie sollten sich bewusst machen, dass wir jetzt leben und nicht in der Vergangenheit und auch nicht in der Zukunft.

Wir möchten jetzt unsere Entscheidungen treffen, wenn ich mich jetzt entscheide, dann gehe ich jetzt den Weg.

Wir müssen uns jetzt entscheiden, weil wir sonst viel an Zeit verlieren und ein leider sehr unorientiertes Wesen, ja ein seelenloser Wanderer (so hat es Thomas D in einem seiner Lieder beschrieben!) werden. Daher sind wir aufgefordert folgende Fragen zu beantworten: Wer bin ich? Und beginnen mit den Schlüsseln wieder von vorne. Somit sind meine Schlüssel auch als Kreislauf in die Bewusstwerdung zu sehen, denn solange wir hier keine Antworten haben, drehen wir uns im Kreis.

KAPITEL 4

CORONA - die aktuelle Situation aus Sicht der Bilder-Theorie

Ich möchte hier kurz zur aktuellen Corona-Pandemie Stellung nehmen und meine Sichtweise erklären, damit Sie sich besser zurechtfinden oder auch die Sichtweise verändern.

Im Kapitel „Nostradamus" erkläre ich die Komplexität der Bilder-Theorie und erläutere, dass bei der Auswirkung einer Veränderung, wie in einer Pandemie, immer mehrere Bilder betroffen sind und nicht nur ein einzelnes. Bei einem Weltkrieg oder wie aktuell in einer Pandemie könnte die ganze Welt, das ganzes Kollektiv dieser Zeitlinie betroffen sein. Das heißt, dass es kaum Auswege dieser Erfahrung gibt. Wir müssen hier durch.

Die Seele möchte diese Erfahrung machen

Da wir uns das Kapitel, das wir durchmachen wollen, selbst aussuchen, bevor wir inkarnieren, müssen wir akzeptieren, dass alles, was hier passiert, ob gut oder schlecht empfunden, dafür da ist, dass wir unsere **Ziele** erreichen. Das ist der Weg. Oder wie gesagt, der Weg ist das Ziel. Auch wenn es schwerfällt, und ja, man darf jammern, in einer Pandemie, wir sind alle davon betroffen, es geht uns wirklich nicht gut. Wir haben große Einschränkungen in unserem Alltag, und es ist nicht zum Lachen. Keine Frage. Aber wir leben noch. Und deshalb müssen oder sollten wir versuchen, dem Kampf gegen die Negativität aller Medien und Informationsquellen standzuhalten. Ich persönlich habe große Einschränkungen durch die Pandemie erlebt und erlebe sie immer noch. Und auch ich zeige Freunden, Verwandten und Bekannten, dass es mir nicht so gut geht, ob privat oder beruflich. Aber trotzdem stehe ich in der Früh auf, und ganz tief in meinem Inneren spüre ich, dass die Ziele, welche ich mir gesteckt habe, bald Realität werden. Und tief in meinem Inneren lache ich und kann es kaum fassen oder glauben, was für ein irrationaler Weg mich jetzt gerade begleitet, mich jetzt prüft, weil ich jetzt schon weiß, dass ich stärker aus dieser Pandemie herauskommen werde, als ich zuvor war.

In diesem Buch erkläre ich ganz genau, was ich tun muss, um mein Ziel zu erreichen. Und dann erkläre ich auch, Sie werden es kaum fassen können, auf welche Art und Weise Ihnen das Leben den Weg zeigt. Ob das negative oder positive Erfahrungen sind, das kann man nicht beurteilen und soll man auch nicht beurteilen. Denn egal ob positiv oder negativ, es hat immer nur den Zweck der Zielerfüllung. In dem Moment vielleicht könnte ein Außenstehender sagen: „Du hast Pech“, wenn etwas Schlechtes passiert. Aber in Wirklichkeit ist es nur für den Betrachter so, aber nicht für mich. Denn nur so komme ich an mein Ziel.

Wir müssen stark bleiben und sein und vertrauen, dass alles, was passiert, zu unserem Besten geschieht. Obwohl im Außen Stillstand herrscht, wir in die gezwungene Pause gedrängt werden, muss ich persönlich nicht in Schockstarre verfallen. Ich selbst wähle den Umgang mit der Pandemie. Ich selbst wähle, ob ich untergehen oder stärker herauskommen möchte. Ich persönlich habe den Stillstand für mich genutzt und bin auf anderen Ebenen tätig geworden.

Denn wie gesagt, wir selbst bestimmen, ob wir Opfer werden wollen, und kann meine nahe Zukunft selbst aussuchen. Wenn ich wähle arm zu sein, dann könnte ich in diese negativ-Spirale hineinfallen. Aber das muss ja nicht sein, denn ich wähle das Bild, aus dem ich stark hervorkomme. Das ist es, was wir jetzt entscheiden können. Das ist es, was jetzt zählt.

Was können wir jetzt tun? Rational und bodenständig? Wir müssen positiv denken, wir müssen stark bleiben und vertrauen, dass alles einen Sinn hat im Leben, dass dieser Weg es ist, den wir gehen wollen und sollen.

Ich nehme es an, ich akzeptiere meinen Weg, ich lebe ihn mit Freude und Liebe, und mit dem tiefen, tiefen Gefühl des Urvertrauens bleibe ich in Balance, halte an dem Guten und Positiven fest, und somit gibt es kein Untergehen.

Ich vertraue meinem Leben und dem Ziel. Ich werde das, was ich möchte, erreichen. Ich habe schon sehr viele seltsame, kuriose Wege hinter mit und weiß, wäre das nicht passiert, wäre ich nicht da. Und deshalb weiß ich, dass die Corona-Pandemie mich wo hinbringt, wo ich danach sage: „Schau, wäre das nicht gewesen, wäre ich heute nicht da!!“

NACHWORT

zum Nachdenken und Vertiefen

Wie wirklich ist die Wirklichkeit?

Die Realität, wie ich sie mir vorstelle, ist so, wie ich sie mir in Gedanken kreiere. Wenn jemand sagt, er ist im System gefangen, dann ist er auch im System gefangen. Obwohl ich in derselben Ortschaft lebe, ja wir sind sogar Nachbarn, könnten wir ein anderes Gefühl in uns tragen. Der eine fühlt sich frei, der andere wie gesagt gefangen.

Ich nehme meine Realität, meine Wahrnehmung anders auf. Welche Wahrnehmungen wir haben, welche Gedanken und Gefühle, das macht unsere Realität aus.

Ich kann den Tisch anschauen und etwas anderes empfinden beim Anblick als der Mensch neben mir. Das ist die Wahrnehmung meiner Realität, die mit den Gefühlen zu tun hat.

Die Wirklichkeit ist so wirklich, wie ich es für wirklich und real empfinde.

Energie-Ziehen und -Generieren

Je mehr Energie wir fokussieren, desto schneller und konsequenter verbinden wir uns genau mit diesem Bild, welches wir in unserem Kopf bereits haben. Alles entsteht im Kopf. Geist lenkt Materie. Gedanken als Medizin.

Persönliche Grenzerfahrung – Out-of-Body-Experience

Ich habe die Erfahrung gemacht, den Körper zu verlassen. Ich lag in meinem Bett. Habe den Körper von oben betrachtet. Habe den Raum gesehen. Ich konnte das Haus verlassen und von oben sehen. Ich konnte sogar bis zum Meer reisen, das war besonders interessant. Es war sehr leicht, und ich hatte keine Angst. Ich hatte eigentlich überhaupt kein Gefühl dabei, vielleicht ein wenig Freude, aber mehr Interesse als Emotion. Ich konnte es immer nur dann, den Körper verlassen, wenn ich beim Sport an meine Grenzen gegangen bin. Beim Ausdauertraining, erst als ich hier meine absolute Grenze erfahren habe, war ich vorbereitet für das „Out-of-Body-Abenteuer". Ich musste meine körperlichen Grenzen überschreiten, so weit sogar, bis zum Übergeben und weiter, dann entstand diese Fähigkeit. Ich bin also auch in Gedanken übers Wasser gegangen, mit gesundem Geist und gesundem Körper können solche Körper-Reisen passieren. Erst wenn wir unsere eigenen körperlichen Grenzen überschreiten, können wir aus dem Körper schreiten. Diese Körper-Grenze überwinden.

Der Placebo-Effekt – wie wirklich ist die Wirklichkeit?

Das, woran ich glaube, kann man auch auf unsere Körperfunktionen umlegen. Es gibt Studien, welche mittlerweile beweisen, dass wir auch mit unserem Glauben und unseren Gedanken unser Körper-System beeinflussen können. Zum Beispiel in sogenannten Placebo-Experimenten.

Hier ein Beispiel:

Es geht hier um Werte und welche Gedanken und Ideen wir mit diesen Werten verbinden. Und welche Gefühle ich beim Empfinden dieser Werte abgespeichert habe.

Es gab dazu ein wissenschaftliches Experiment: Wir gehen auf 3500 m Höhe, zwei Probanden bauen auf dem Matterhorn eine Forschungsstation. 3500 Höhenmeter sind für den Körper eine unglaubliche Anstrengung, und man bekommt unweigerlich die sogenannte Höhenkrankheit, wegen des geringen Sauerstoffgehalts. Man bekommt Kopfweh und wird müde. Weil der Körper beginnt ein Hormon zu produzieren, welches zuständig ist, wenn wir zu wenig Sauerstoff ins Blut bekommen. So haben sie Folgendes probiert: Sie haben beiden gesagt: „O. k., ihr bekommt beide während des Trainings von uns Sauerstoff verabreicht." Die mitforschenden Ärzte wurden nicht eingeweiht, auch die Probanden wurden nicht informiert. Nur die Forscher wussten, dass einer der Probanden wirklich Sauerstoff bekommen hat, der andere jedoch bekam nichts. Das Unglaubliche: Beide haben gleich reagiert, obwohl das vom logischen Verstand her nicht möglich sein konnte. Doch was sagt uns dieses Testergebnis? Wenn wir an etwas glauben, glauben etwas zu bekommen, dann reagiert der Körper tatsächlich dementsprechend. Obwohl in der Materie nichts verändert wurde, kommt es zu diesen außergewöhnlichen Körperreaktionen. Obwohl Proband zwei keinen Sauerstoff erhalten hatte, reagierte der Körper mit Regeneration. Die körperlichen Symptome verschwanden. Was heißt das jetzt für uns? Dass, wenn ich glaube, dass etwas verändert wird, der Körper dementsprechend reagiert und so irgendwoher Sauerstoff generiert. Das ist doch wirklich unglaublich! Die beiden Probanden hatten die gleichen messbaren Werte.

Es gibt kein Richtig und kein Falsch.

Es ist einfach das, was es ist.

Es ist das Ergebnis meiner Entscheidungen.

Sonst nichts.

Geh zum Bild, mach keine Umwege. Geh direkt in deine von dir erwünschte Bilderwelt und entscheide.

Wie erkenne ich eine richtige Entscheidung?

Woher weiß ich, dass ich mich auf dem richtigen Weg befinde?

Das ist einfach zu beantworten: Es gibt keinen richtigen, aber auch keinen falschen Weg, sondern es ist einfach eine Erfahrung, die du hier machst, geformt und gepolt anhand deiner Entscheidungen.

Die unterschiedliche Auswirkungen eines Bilderwechsels von der 3. in die 4. Dimension über die Einstein-Rosenbrücke

Ist es das ewige Glück, zu wissen, welche Bilder meine Bilderreihen für mich bereithalten? Möchte ich alles immer ganz genau wissen?

Oder möchte die Seele einfach nur Erfahrungen sammeln?

Ist es nicht ein Betrug, zu wissen, was passiert? Ist es sogar ein Schummeln für meine eigene Seele? Belüge ich mich selbst, wenn ich versuche, mein Leben zu manipulieren?

Das schwarze Loch ist das Tor zur vierten Dimension. Also raus aus meinem aktuellen Bild. Dahinter befinden sich diese Bilder, und ich stehe dann darüber. Ich stehe dann über diesen Bilderreihen. Und sehe das schwarze Loch in dem Bild, aus dem ich ausgestiegen bin. Und wenn ich dann dort in dieser Dimension von einem Bild in ein anderes gehen möchte, über die schwarzen Löcher sozusagen, über die Einstein-Rosenbrücke, tauche ich in ein unwillkürliches, zufälliges Bild ein.

DIE EINSTEIN-ROSENBRÜCKE IST DIE VERBINDUNG ZWISCHEN DEN BILDERN und ZEITLINIEN. Das bedeutet, dass die Einstein-Rosenbrücke, welche durch ein schwarzes Loch gebildet wird, mich mit einem Bild aus einer unwillkürlichen Zeitlinie verbinden kann, somit nicht steuerbar und rein zufällig gewählt wird. Jesus ist daher nicht durch ein schwarzes Loch während seiner Heilungen gegangen und hat so seine Wunder vollbracht, sondern er hat selbst so viel Energie generiert, somit das Bild verlassen und ist in das „Heilungsbild" (dort, wo derjenige Hilfesuchende gesund ist, dieses befindet sich ja nicht so weit entfernt vom aktuellen Bild, weil sich nicht so viel verändern muss, sondern nur der Glaube an Heilung verändert und manifestiert wurde) eingestiegen. Das macht die Reise durch ein schwarzes Loch natürlich interessant, aber gleichzeitig auch gefährlich, sollten wir einmal in der Lage sein, die Technologie zu erfinden, welche dies ermöglicht. Was wir auch nicht wissen, ob wir in beide Richtungen reisen können. Vielleicht gibt es ja dann kein Zurück mehr.

Zurück in unsere dritte Dimension: Hier kann ich sehr wohl die Bilder steuern, welche ich anstrebe zu erfahren, nämlich durch bewusste oder auch unbewusste Entscheidungen. Denn mit jeder Entscheidung bewege ich mich durch die Bilder.

Glaubens-Revolution!

Meine Weisheiten, diese Theorien, dieses Wissen ist mir nicht einfach so eingefallen, es ist mir in Wahrheit zufällig passiert. Also diese Gedanken sind mir zugefallen quasi. Es ist wie eine Telefonleitung, diese Gedanken sind in meinem Kopf entstanden. Es ist so, als hätte mich jemand, als ich 15 Jahre alt war, zum ersten Mal angerufen und mir diese Weisheiten einfach per Telefon übermittelt. Diese Gespräche fanden immer wieder statt. Vor allem dann, wenn mich das Leben an meine psychischen Grenzen gebracht und ich sogar Gedanken hatte, das Leben zu beenden. Dann war diese Verbindung besonders stark. Vielleicht musste ich deswegen Hunderte innere Tode sterben, um diese Weisheit, mein Buch und meine Bilder-Theorie fertigzustellen. Niederzuschreiben. Denn diese Momente gaben mir wieder Hoffnung und brachten mich dazu, mein Leben endlich selbst in die Hand zu nehmen und eigenständig Entscheidungen zu treffen. Dann veränderte sich alles. Mein Leben war plötzlich wieder spannend und herausfordernd. Ich hatte jetzt ein Konzept in die Hände bekommen, eine Lebens-Bedienungsanleitung, und wollte natürlich sofort wissen, ob und wie diese umzusetzen ist. Ich habe geübt. Tagtäglich. Genauso wie ich es Ihnen hier in diesem Buch beschreibe, genau so habe ich es gemacht, und siehe da: Mein Leben wurde großartig. Ich habe so viele Erfolge und natürlich auch Misserfolge erlebt, aber das gehört zum Leben dazu. Weil die Seele, wie wir wissen, nur Erfahrungen sammeln möchte.

Und heute bin ich so weit, dass ich diese Theorie weitergeben kann. Sie ist jetzt fertig. Ja ich glaube, dass wir genau jetzt dabei sind, unsere alte Welt zu verlassen, und gemeinsam eine neue Welt erschaffen und kreieren, und in dieser Welt entstehen auch neue Religionen und neue Glaubens-Gemeinschaften. Neue Ansätze und neue Zugänge, was denn Religion und Glauben sind.

Ich bin bereit für neue Gedanken-Wege, für die Entwicklung der Menschheit. Ein Schlüssel eventuell für alle Menschen zum Thema Aufstieg, Wiedergeburt und Sinn des Lebens.

Wir leben noch immer in einem 2000 Jahre alten System, an welches wir glauben, und es ist an der Zeit, neue Gedanken zu denken. Neue Ansätze zu kreieren, wenn wir den Aufstieg schaffen wollen ...

DANKE

Danke an meine spirituellen Führer, die mich auf meinem bisherigen Weg begleitet haben, unter anderem mein Freund und Trainingspartner IBF- und WBO-Intercontinental-Boxing-Champion Gotthard Hinteregger, der mir, damals in der Jugend, durch viele Gespräche die Augen geöffnet hat.

Danke an meine wunderbare Frau Veruschka, die so viele Tage und Nächte mit mir aushalten musste, als ich versuchte, ihr das Buch zu erklären. Also danke für deine Ausdauer, mein Schatz.

Danke an meinen Sohn Matteo, der mir durch die kindliche Ansicht meiner Theorie geholfen hat, das Buch zu formen. Danke an meine Mutter, für die spirituelle Gabe, welche sie mir vererbt hat.

Danke an meine Zuhörer und Zuhörerinnen, Familie, Freunde und Verwandte, die mich motivierten, dieses Buch zu realisieren, und größten Dank an meine Schwester, Sandra König, ohne sie wäre dieses Buch niemals entstanden.

Und DANKE an meinen Engel, den General.

Die Autoren

Wolfgang Reiterer betreibt ein Fitnessstudio im Burgenland/Österreich. Er ist Trainer aus Leidenschaft. Zu seinen Lieblingssportarten zählen neben Fitness auch Boxen und Tennis. Schriftstellerisch tätig ist Wolfgang Reiterer seit seinem sechzehnten Lebensjahr. Der Sportbegeisterte ist verheiratet und Vater eines Sohnes.

Sandra König arbeitet selbstständig als Journalistin und Bestsellerautorin, Gesundheitscoach und Trainerin. Zuvor war sie 20 Jahre lang bei der „Kronen Zeitung“ angestellt. Sie mag Spirituelles, Sport, Tai-Chi, Wandern und die Natur. Neben dem Schreiben widmet sie sich der Energiearbeit. Sandra König wohnt im österreichischen Burgenland. Sie ist geschieden und Mutter zweier Töchter.